Das österreich

Essays

Felix Salten

Alpha Editions

This edition published in 2022

ISBN : 9789356788510

Design and Setting By
Alpha Editions
www.alphaedis.com
Email - info@alphaedis.com

Contents

DIE WIENER STRASSE

Der alte Herr schreibt in sein Tagebuch:

Ein wunderschöner Tag ist das heute gewesen. Voller Sonnenglanz und Wärme, und in den Straßen hat es überall nach Veilchen geduftet. Daß ich heute gerade sechzig Jahre alt geworden bin, möchte mich freilich herabstimmen. Aber ich kann mir nicht helfen, ich bin ganz gut gelaunt. Und ich finde, es ist sehr hübsch, im Frühling Geburtstag zu haben, wenn es so warm wird, und wenn die Straßen nach frischen Blumen riechen. Was will man denn mehr? Ich bin spazieren gegangen, wie gewöhnlich. Zuerst durch die Innere Stadt, dann bei der Oper auf den Ring hinaus und wieder zurück. Dann bin ich noch im Kaffeehaus gewesen.

Also sechzig Jahre. Am liebsten würde ich mit Stillschweigen darüber weggehen; weil es aber schon so lange meine Gewohnheit ist, daß ich bei solchen Anlässen gewissermaßen den Jahresschluß ziehe, und ein bisserl was aufschreibe von dem, was ich mir denke, will ich es auch heute nicht versäumen. Obwohl … Denn viel habe ich ja kaum zu sagen. Da liegen in der Lade die Bogen aus all den Jahren, und wenn ich sie jetzt durchlesen wollte, würde vielleicht immer dasselbe drinnen stehen. Ich habe ein sehr regelmäßiges Leben geführt, und wenn man ein Junggeselle ist, gibt es nicht viel Ereignisse. Es ist nur, daß ich jetzt eine gewisse Scheu habe, diese Blätter in die Hand zu nehmen. Sie könnten mich am Ende in eine sentimentale Verfassung bringen, und das hätte keinen Zweck. Ich bin von dem schönen Tag noch ganz angeregt.

Bald wird man auch wieder im Freien sitzen können. Auf dem Graben sind die zwei Kaffeehütteln schon hergerichtet; ein paar Tische sind sogar besetzt gewesen. Aber ich hab' es doch noch nicht riskiert. Es war übrigens nicht zum Vorwärtskommen heute, so viel Menschen sind in der Stadt herumgelaufen. Und was man für schöne Mädchen sieht, das ist eine wahre Freude. Man weiß gar nicht, welche man zuerst anschauen soll. Gleich in ganzen Rudeln marschieren sie auf. Und wie reizend ist das, diese vielen jungen, rosigen Gesichter, diese lachenden Augen! Seit vierzig Jahren gehe ich jetzt Tag für Tag denselben Weg durch die Innere Stadt und über den Ring und immer seh' ich diese vielen schönen Mädchen. Es ist unglaublich, wo die nur herkommen.

Allerdings, die bleiben ja auch nicht ewig jung. Das darf man sich nicht einbilden. Denn sonst müßte ich ganz allein alt werden, und dafür tät' ich mich doch schönstens bedanken. Aber das nimmt alles seinen geordneten Gang. Wenn man sich auch wundert. Ich hab' das an der Baronin Ruttersdorf gemerkt, wie ich sie heute gesehen habe. Gott, wie die ausschaut! Ganz schneeweiße Haare hat sie schon, und recht zusammengebrochen ist sie. Ich bin stehen geblieben und hab' ihr nachgeschaut. Seit dreißig Jahren zum erstenmal wieder.

Vor dreißig Jahren bin ich nämlich öfter stehengeblieben und hab' ihr nachgeschaut. Da ist sie ein junges Mädchen gewesen, und war schön. Mir wird heute noch ganz schwindelig, wenn ich daran denke, wie schön sie war. Damals habe ich sie rasend geliebt. Aber dieses Gefühl ist längst in mir erloschen. Ja, ja, ich habe so manches erlebt. Das heißt, persönlich gekannt habe ich sie natürlich nicht. Wie wäre das auch möglich gewesen? Ich war ein ganz kleiner Beamter. Ein noch viel kleinerer als ich heute bin. Und was werd' ich denn im Monat gehabt haben, vor dreißig Jahren? Sechzig oder siebzig Gulden; mehr gewiß nicht. Aber was will man …? Ein junger Mensch! Und so hat sie damals mein ganzes Dasein erfüllt. Ich hab' ganz genau gewußt, daß sie am Sonntag in die Schottenkirche geht, ich hab' gewußt, wann ich sie am Nachmittag in der Stadt treffe. Wenn ich jetzt die Bogen von damals hervornehmen möchte, da würde gar viel von ihr drin stehen. Ich weiß, wie ich ihr nachgegangen bin, und wie ich mir vorgestellt habe, ich werde auf einmal ein Millionär, oder ich werde in zwei Jahren Minister, oder ich schreibe ein Drama, und werde berühmt, so daß mich alle Leute anschauen, wenn ich über die Straße gehe, und daß sich alle Leute um mich reißen, und dann … na, und dann … Es war so wundervoll, sich das ganz genau vorzustellen, so lebendig, als ob es wirklich wäre, als ob es morgen schon sein könnte. Ich bin ganz eingesponnen gewesen in diese Träume und hab' ihnen viele glückliche Stunden zu verdanken.

Jetzt bin ich aber sechzig Jahre alt. Und sie ist eine alte Frau. Ich habe ihr ganzes Leben mit angeschaut. Damals war sie eine Komtesse Nußbach. Auch ihren Vater kannte ich, den alten General. Der hatte so schön dichte, weiße Haare wie jetzt seine Tochter. Dann hat sie den Baron Ruttersdorf geheiratet. Dann ist sie mit ihren Kindern spazieren gegangen. Was für reizende Kinder sind das gewesen, besonders der älteste Bub, der Ferdinand. Dann ist ihr Vater gestorben, und sie hat das Palais auf der Wieden geerbt. Dann hat ihr Mann die Geschichte gehabt mit der ungarischen Sängerin, und man hat gesagt, sie werden sich scheiden lassen. Dann hat sich der Ferdinand erschossen. Er war Leutnant bei den Windischgrätz-Dragonern. Und dann ist ihr Mann gestorben. Wenn ich sie heute angesprochen hätte, und hätte ihr erzählt, daß ich ihr ganzes Leben kenne und daß ich sie geliebt habe, was für Augen hätte sie gemacht! So was kann man freilich nicht tun; und ich bin auch gar nicht der Mann dazu. Aber wer weiß, wie gut wir jetzt miteinander reden würden.

Denn ich glaube wohl, daß ich imstande wäre, mit so einer Dame zu sprechen, ohne einen Fehler zu machen. Und ich denke, auch meine Kleidung ist elegant genug, um in besseren Kreisen zu verkehren. Auf anständige Manieren habe ich nämlich immer sehr acht gegeben, und auf gute Kleider habe ich immer sehr viel gehalten. Es war das erste, was ich getan habe, wie ich fix angestellt worden bin, daß ich mich mit einem Schneider auf Monatsraten verständigte. Und seitdem bin ich immer sehr fein angezogen gewesen. Auch habe ich immer nur in noblen Lokalen verkehrt. Natürlich nur in Kaffeehäusern, denn die Restaurants sind ja doch für meine Verhältnisse zu kostspielig. Aber darauf kommt es gar nicht an. Was hat man denn von einem Restaurant? Man ißt, steht auf und geht wieder fort. Zu diesem Zweck genügt mir doch mein Gasthaus in der Piaristengasse, wo ich abonniert bin, und wo ich schon seit Jahrzehnten alle Tage um drei Uhr, nach dem Bureau, speise. Aber mit dem Kaffeehaus ist das etwas anderes. Und im Café Imperial oder im Pucher hat man mich immer für einen Baron gehalten.

Selbstverständlich habe ich die Baronin Ruttersdorf nicht angesprochen und werde sie auch niemals anreden. In diesem Leben nicht. Vielleicht, daß wir uns einmal in einer anderen Welt begegnen. Da würden wir freilich genug Gesprächstoff haben, und vielleicht wird sie sich dann mit mir sogar lieber noch unterhalten als mit ihrem Herrn Gemahl. Hier aber bleibt es schon beim Alten. Denn da müßte ich gar viele Leute ansprechen, wenn ich das wollte, und finge mit jedem zu reden an, dem ich das ganze Leben zugeschaut habe.

Ob das in einer anderen Stadt auch so ist, in Berlin oder in London, das weiß ich nicht. Aber bei uns ist es so. Man kann die Leute sehen, die interessant sind, man kann ihnen zuschauen, wie sie leben. Man lebt mit ihnen, und es ist gar nicht einmal notwendig, daß man reich ist oder vom Adel oder ein großes Tier. Ich gehöre doch gewiß nicht zur Aristokratie, aber ich kenne trotzdem alle. Ich kenne sie, wie sie jung waren, sehe ihnen zu, wie sie alt werden, sehe ihre Kinder heranwachsen und dieselben Geschichten machen. Ich habe nie so viel Geld gehabt, um alle Augenblick in Kunstausstellungen zu gehen, und ich habe doch den Kanon gekannt und den Makart. Ich weiß es noch wie heute, wie er im Fiaker über den Ring gefahren ist, ein ganz kleiner, schlanker Herr. Im Theater bin ich auch fast nie gewesen, und habe doch alle gekannt und gesehen; die Wolter, wie sie den Grafen O'Sullivan geheiratet hat, und die Geistinger, und wie der Girardi berühmt geworden ist, und alle miteinander. Woher ich sie kenne, das vermöchte ich nicht einmal zu sagen. Vielleicht macht es die Übung, wenn man so viele Jahre Tag für Tag durch die Stadt geht. Da findet man die berühmten Gesichter einfach heraus; und da weiß man auf einmal den Namen; und dann sieht man die Leute wieder und wieder, bis man ihnen zuletzt alles von ihren Gesichtern, von ihrem Gang, von ihrer Haltung ablesen kann, was sie erleben. So oft ich in dieser langen Zeit meinen Spazierweg gemacht habe, immer bin ich davon angeregt und zerstreut worden, immer habe ich mich glänzend unterhalten, immer habe ich das Gefühl gehabt, daß ich in einer vorzüglichen Gesellschaft verkehre. Und dazu braucht man wirklich keine Reichtümer. Was will man denn mehr?

Wenn ich mich so erinnere, wie ich als junger Mensch nach und nach gelernt habe, die Augen aufzumachen ... Ich bin zwar in ganz einfachen Verhältnissen aufgewachsen, aber gespürt habe ich doch, was es für schöne Dinge gibt in der Welt. An einem Sonntag, wenn die Stadt ganz still ist, da habe ich stundenlang herumgehen können und mir die alten Palais anschauen; die Portale, und der Blick, der sich in die weiten Höfe erschließt, und dann die hohen Fenster und die Figuren drauf. Dann die engen Gassen, so um die alte Universität herum. Und wie lang bin ich immer auf dem Burgplatz gestanden, vor dem Eingang zum Schweizerhof. Wie gut kenne ich den Burgplatz. An frühen Winterabenden zum Beispiel, wenn der Schnee wie ein weißer ausgebreiteter Teppich den ganzen Platz überspannt, wenn die grauen Fronten schimmern, und wenn hier alles so abseits, so wie in einer anderen Welt ist. Oder an Nachmittagen im Hochsommer, wenn man weiß, der Kaiser ist nicht da, und alles, was sich regt, ist nur Dienerschaft. Wenn dieser Platz mit der Wache und den Gendarmen und den verhängten Fenstern so was Träges und Schläfriges hat. Und dann die Sommerabende draußen auf dem äußeren Burgplatz, wenn der Himmel so schön weit ist, und wenn in der Ferne die Dächer der Vorstadt glänzen. Wieviel habe ich sehen gelernt, seit ich ein junger Mann war und jeden Tag nach dem Bureau spazieren gegangen bin; und wieviel könnte ich sagen. Aber ich möchte nur bemerken, daß in diesen jungen Jahren gerade durch meine Spaziergänge viele Eigenschaften in mir entwickelt wurden. Der Burgplatz zum Beispiel, der Graben, der Kohlmarkt, ... da habe ich nach und nach einen Sinn für Anstand bekommen, ganz unwillkürlich; eine Neigung zu besseren Lebensformen und eine gewisse Empfindlichkeit gegen das Ordinäre und gegen das Geschmacklose.

Ich möchte bemerken, daß die Menschen, die ich täglich sah, einen gewissen Zwang auf mich ausgeübt haben. Ich hätte mich geschämt, unordentlich oder aufdringlich angezogen unter ihnen zu erscheinen. Wenn ich mein Bureau verlassen und gespeist hatte, dann lief ich in die Stadt, um das glänzende Leben zu sehen. Ein junger Mensch will eben sein Vergnügen haben. Und mir war es ein Vergnügen, mir ist es heute noch eines. Meine Freude am Luxus wurde mit jedem Tage mehr und mehr geweckt. Und ich brauchte nur spazieren zu gehen, um diesen Luxus zu genießen. Nehmen wir die Fiaker. Ich bin selbst nur drei- oder viermal in einem Fiaker gefahren, aber ich verstehe, daß es sehr schön ist, wie leicht solch ein Wagen rollt; wie die Pferde gleichmäßig traben, wie das um die Ecke biegt, dahersaust, verschwindet. Ich brauche das nur anzuschauen, und genieße die Annehmlichkeit, die in einem so famosen Fuhrwerk liegt. Und ich schaue es mir heute noch aufmerksam an, es unterhält mich jedesmal. Nehmen wir die Burg und die Oper. Ich kann es an meinen Fingern abzählen, wie oft ich drin war. Aber unzählige Male bin ich nach der Vorstellung im Opernvestibül gestanden und habe mir die vornehme Welt angeschaut, und bin wie nach einer glänzenden Unterhaltung heimgegangen, wenn ich dieses prachtvolle Gedränge schöner Frauen und eleganter Herren die majestätische Logentreppe herunterströmen sah, und das Schauspiel der geschäftigen Lakaien. Im Sommer, wenn man keine Überkleider mehr in der Garderobe abzulegen braucht, bin ich oft ins Burgtheater, habe mir die Treppenhäuser angesehen, bin im großen Foyer herumspaziert, mitten unter dem Menschenschwarm. Wenn dann der Zwischenakt vorbei war, stürzten die Leute wieder in den Zuschauerraum. Ich aber entfernte mich und hatte wieder einen Genuß gehabt. Wäre ich beständig im Fiaker gefahren, wäre ich alle Tage ins Theater gegangen, mit einem Wort, wäre ich reich gewesen, wer weiß, ob sich nicht alles für mich mit der Zeit abgestumpft hätte. So aber habe ich immer nur den besten Schaum von den Dingen gekostet, habe mir alle Genüsse in meiner Phantasie noch herrlicher ausgemalt, als sie vielleicht in Wirklichkeit sind, und so hat bis heute nichts von alledem seinen Reiz verloren.

Als junger Mensch bin ich oft in der Stadt herumgelaufen und habe geglaubt, es müsse mir etwas Wunderbares begegnen, es müsse sich etwas Herrliches plötzlich mit mir ereignen. Irgendetwas, das mit schönen Frauen, mit Pracht und Glück, mit Palästen, mit Musik oder dergleichen zusammenhängt. Dieses manchmal ungeduldige Erwarten hat sich mit der Zeit nun freilich stark gedämpft. Ich bin heute schließlich sechzig Jahre alt. Aber noch heute, wenn ich durch die Innere Stadt promeniere, wenn ich durch das Rauschen der Ringstraße gehe, wenn so viele schöne Frauengesichter an mir vorübergleiten, dann ist mir, als sei noch manche verborgene Möglichkeit irgendwo vorhanden, und als könne doch noch etwas Merkwürdiges und Festliches geschehen. Das ist gewiß töricht, ich sehe es ja ein, aber die Zeit vergeht so schnell dabei, und man fühlt sich dann so angeregt und so zufrieden.

Ich bin sechzig Jahre alt und weiß, daß vieles für mich vorüber ist. Ich bin ein armer Teufel. Das weiß ich auch. Und ich habe nichts erreicht. Manche Leute werden finden, ich hätte keine Ursache, so zufrieden zu sein. Manche Leute werden finden, ich hätte meine Jahre besser anwenden, hätte es durch größeren Fleiß, durch höhere Strebsamkeit ungleich weiter bringen können. Und ich muß ihnen recht geben. Ich muß es um so mehr, als ich zu alledem noch weiß, daß es mir nicht an guten Talenten, an reichen Anlagen und

Geschicklichkeiten gefehlt hat. Heute darf ich's ja sagen, wo es doch schon zu spät ist. Ich hätte etwas werden können in der Welt. Etwas Großes vielleicht. Sicherlich etwas viel größeres, als ich geworden bin. Aber ich muß sagen, daß ich bei alledem nicht unglücklich bin. Vielleicht wäre ich als armer Teufel in einer anderen Stadt sehr unzufrieden und sehr unglücklich gewesen. Das vermag ich nicht zu beurteilen, denn ich kenne die Verhältnisse anderswo nicht, und weiß nicht, ob ich mich anderswo wegen meiner Armut und wegen meiner niedrigen Stellung ausgeschlossen gefühlt hätte. Hier habe ich mich niemals ausgeschlossen gefühlt, sondern habe immer die Empfindung, mindestens aber die Illusion gehabt, an allem Luxus, an aller Schönheit und an aller Intimität der Stadt ohne weiteres teilnehmen zu dürfen. Vielleicht hätte ich anderswo nicht gerastet, um in die Höhe zu kommen. Das ist schwer zu sagen. Ich weiß nur, daß ich immer, wenn ich des Abends von meinen Spaziergängen heimwärts wanderte, von allen meinen Eindrücken ganz sorglos gemacht und in meinem Sehnen ganz wunderbar beschwichtigt war. Wenn mir manchmal der Trieb kam, etwas Besonderes zu leisten, etwas zu unternehmen, dann schien es mir immer, als sei ja schon längst alles unternommen und geleistet und erreicht, und es bliebe jetzt nichts mehr zu tun übrig, als das Vorhandene wie einen köstlichen Besitz zu verstehen und zu genießen. Das mag ein verhängnisvoller Irrtum sein, doch werde ich mich jetzt nicht mehr damit befassen, ihn richtigzustellen. Ich habe schließlich genug erlebt, habe Menschenkenntnis und Erfahrungen in Hülle und Fülle, ich habe mein sicheres Auskommen und meine Ruhe. Jetzt habe ich auch noch den Frühling und diese fröhlichen Tage voll Sonne und Blumenduft. Bald wird man auch im Freien sitzen können. Auf dem Graben sind ja schon die Kaffeehütteln hergerichtet. Alles übrige mag sein wie es ist. Was liegt denn dran?

KLAVIERSTUNDE BEI LESCHETIZKY

Ein kleines rotes Haus im Währinger Kottage, mit einem netten Turm, der sich stramm davor aufrichtet. Ich kenne es seit meiner Kindheit; und seit ich als Bub auf der Türkenschanze umherlief, die damals freilich noch hinter jenem Hause gleich anfing, kenne ich vom Sehen den fröhlich dreinblickenden, weißbärtigen Herrn, der an milden Frühlingsabenden aus der Pforte unter dem Turm herauskam und über die Wiesen zum Heinrichshügel spazierte; immer munter, und immer von schönen, exotischen Frauen gesprächig umgeben.

Der Heinrichshügel, dieser bescheiden erhöhte Abendsitz inmitten wogender Kornfelder, ist lange verschwunden. Die Felder und Wiesen sind ja alle verbaut, und die ganze Türkenschanze existiert nicht mehr. Es sind, wie gesagt, über zwanzig Jahre her. Aber der weißbärtige alte Herr blickt immer noch fröhlich drein, ist immer noch munter, und immer noch von schönen exotischen Frauen gesprächig umgeben. Und sein kleines, rotes Kottagehaus, mit dem netten Turm, der sich stramm davor aufrichtet, ist inzwischen der sonderbarste Ort in Wien geworden. Jedenfalls etwas einziges in seiner Art; nicht nur bei uns, sondern überall. Wenigstens müssen die Leute allerwegs dieser Meinung sein, denn aus sämtlichen Weltgegenden kommen sie hierher. Wie man sagt: ein Brennpunkt. Wenn man kurz und nüchtern mitteilt, was in diesem Hause geschieht, dann hört es sich wie gar nichts an: Hier werden Klavierstunden gegeben. Ein Unternehmen, das bekanntlich nur zu oft besteht, das fast immer mit allerlei entsetzlichem Geräusch verbunden ist und nicht gerade als eine Seltenheit angestaunt wird. Hier aber sind wir am wundertätigen Wallfahrtsorte aller Klaviermusikanten, hier ist das Rom und der Vatikan aller Pianogläubigen, hier werden die höchsten Weihen empfangen, denn hier wohnt und lehrt, hier segnet, und flucht zuweilen auch, der unfehlbare, alleinseligmachende Klavierpapst.

Es ist etwas mehr als ein Vierteljahrhundert, seit Theodor Leschetizky als ein schon längst berühmter Mann in Wien sich ansiedelte. Man kann nicht sagen, daß man ihn hier übertrieben gefeiert habe, daß die Reklametrommel für ihn gewirbelt worden sei; und während sein Ruhm aus den entferntesten Landen Schüler wie Verehrer herbeilockt, kennt man hier seine merkwürdige, in ihrer Art machtvolle und seltene Persönlichkeit in weiteren Kreisen verhältnismäßig nur wenig. Die Wiener, die seit fünfundzwanzig Jahren an ihm vorübergehen, wissen eben nach so langer Zeit, das ist der Leschetizky. Viel mehr wissen sie aber nicht, denn es ist bei uns immer so, daß die Leute erst »nachträglich« alles erfahren. So kommt es, daß man jetzt nicht einmal sagen kann, Leschetizky habe sich in Wien eine große Stellung gemacht. In Wahrheit muß es heißen, Leschetitzky nimmt in der Welt eine große Stellung ein und lebt in Wien. Er könnte aber ebensogut in Graz, in Magdeburg oder in Düsseldorf leben. Weil es nämlich nicht die Wiener gewesen sind, die ihn verkündet haben, sondern die Fremden, die Engländer, die Amerikaner, die Schweden, Dänen, Franzosen und Russen.

Hier werde ich natürlich nicht von seiner Methode sprechen. Erstens vermöchte ich das gar nicht, zweitens interessiert mich diese Methode nur sehr wenig, und endlich könnte eine theoretische Erörterung darüber nur einen schwachen Begriff von Leschetitzkys Individualität geben. Diese allein aber fesselt mich, diese eigentümliche Gewalt, die von ihm ausgeht, daß er auf seine Schüler nicht bloß pädagogischen Einfluß übt, sondern sich vollständig ihres Menschentums bemächtigt. Die Persönlichkeit eines Mannes, die es bewirkt, daß ihm alle bedingungslos ergeben sind, daß sie ihn über gelegentliche Schroffheit und manche Tyrannei hinweg unbeirrt lieben, daß große Künstler vor ihm befangen werden und für sein kärglichstes Lob den Beifall von Tausenden freudig dahingehen. Da ist es denn am besten, ihn einmal mitten unter seinen Schülern zu sehen, wenn alle in dem kleinen roten Kottagehäuschen beisammen sind und er ihrem Ehrgeiz, ihrem Können und ihrem Talent einen Produktionsabend gönnt.

Von diesen Abenden ist immer wie von einem Feiertag die Rede; und es geht auch sehr feierlich zu, wie bei einem richtigen Konzert. Nur daß es hier angenehmer und freier ist, die Stimmung einheitlicher und viel mehr erhöht als in einem öffentlichen Musiksaal. Das kommt daher, weil hier eine fühlbare Zusammengehörigkeit alle verbindet. Künstler, die unter sich sind und froh darüber, daß die Profanen draußen bleiben müssen. Nur selten geschieht es, daß hier ein Saulus unter die Propheten gerät, ein Pontius ins Credo sich verirrt.

In einem langen vierfenstrigen Saale stehen an der oberen Schmalseite zwei Klaviere nebeneinander, derart, daß die Spieler mit dem Rücken zur Wand sitzen, das Gesicht den Hörern zugewendet, von denen sie durch die ganze Länge des Instruments getrennt sind. An derselben Schmalseite des Musiksalons führt eine Tür in das Speisezimmer. Hier sitzen gewöhnlich die Amerikaner und sehen nur gerade die Vortragenden. Spielt ein gewöhnlicher Mensch, dann wird im Saal länger applaudiert und aus dem Speisezimmer hört man bald nichts mehr. Spielt aber ein Amerikaner oder eine Amerikanerin, dann wirds hier draußen früher stille, während aus dem Speisezimmer der Beifall der unsichtbaren Landsleute noch weiterklingt.

Man ist hier überhaupt in einer höchst internationalen Gesellschaft. In Wien an und für sich schon eine Seltenheit. Hier gibt es Russinnen in prunkvollen Gewändern und mit barbarisch schönen Edelsteinen; dann die dunkeläugigen, ein wenig zur karikaturmäßigen Genialität neigenden Polen;

dann die blonden Schwedinnen, die so stolze und nachdenklich blaue Augen haben, so wunderbar goldblonde Haare, die so einfach angezogen und so schön und biegsam von Wuchs sind; dann ein ganzes Rudel Amerikanerinnen von jener unnachahmlichen Barrison-Grazie, von jenem unerreichbaren Schick, der sie sogleich von allen anderen unterscheidet, und von jener gesammelten Sachlichkeit in Miene, Geberden und Worten, die mit ein Reiz ihrer Schönheit ist; Engländerinnen, die manchmal nicht schön sind, aber fast immer märchenhaft viele Haare haben, märchenhaft frisiert, und von einer märchenhaft rostroten Farbe. Dann die Amerikaner und die Engländer mit ihren Langschädeln, ihren langen Hasenzähnen, ihren langen Armen und Beinen; kleine stämmige Russen, breitknochige Gesichter, niedere, aber gewölbte Stirnen und üppige Mähnen; dann natürlich die gewissen Jünglinge mit den überspannten Locken und den überspannten Kravatten, oftmals recht groteske Gestalten, wie Eugen Kirchner sie zeichnet. Vor Jahren ging hier als ein hagerer Jüngling Paderewski umher, mit einem dünnen, langen Hals, aus dessen Magerkeit der Kehlkopf wie ein halbverschluckter Bissen hervorstach. Sein Gesicht trug die vielen Sommersprossen der Rothaarigen und er hatte einen roten Schopf, der ihm verzweifelt in die Höhe stand, dann bis tief zur Nase ins Gesicht herein wuchtete und sich ausnahm wie ein Hahnenkamm. Zuletzt etliche deutsche Brüder und Schwestern aus dem Reich, die erheblich schnarren. Endlich die beweglichen Wiener Judenmädel und die Wiener Christenmädel, von denen wieder manche sehr hausmeisterisch aussehen und manche wie Erzherzoginnen.

Alle aber sind vom gleichen Feuer entzündet; allen ist der heiße Ehrgeiz von den Zügen abzulesen, das angespannte, mühevolle Streben, allen merkt man die harte Arbeit vieler Stunden an, das Ringen mit dem eigenen Wesen, mit den tückischen Problemen der Technik. Und alle sind erregt, als seien definitive Entscheidungen zu erwarten. Es ist ganz merkwürdig, wie alle miteinander befangen werden, wenn einer ans Klavier gerufen wird. Dieses Mitfühlen ist stärker als persönliche Gegensätze, stärker als vereinzeltes Übelwollen. Wie durch einen elektrischen Kontakt sind sie alle sofort mit dem einen verbunden, der aus ihrer Reihe vor den Lehrer treten muß, und sie zittern mit ihm, haben mit ihm Lampenfieber. Aus der Schule her wird man sich erinnern, wie durch die ganze Klasse immer ein Beben geht, wenn ein strenger Professor prüft. Die Kinder vergessen allen Streit und wünschen auch dem feindlichen Kameraden in diesen schweren Minuten jegliches Glück. Niemals fühlt man das Ta twam asi naiver und stärker als in solchen frühen Augenblicken. Hier aber ist doch noch ein wesentlicher Unterschied, denn neben der Anteilnahme regt hier sich in allen Hörern auch sofort die Strenge mit dazu. Die Ansprüche sind hoch; man ist verwöhnt, hier in diesem kleinen roten Kottagehaus, wo seit fünfundzwanzig Jahren alle großen Künstler, die nach Wien kamen, ihr Können zeigten, hier wo die Wände die allerbeste und die allerhöchste Musik seit einem Vierteljahrhundert vernehmen. Dieses ganze Haus ist von oben bis unten erfüllt von einer klingenden großen Tradition und in diesen Räumen hier sind die edelsten Weisen verhallt, die in der Welt nur unter edelsten Künstlerhänden ertönen. Drei, vier Virtuosengenerationen haben von hier ihren Ausgang genommen, sind über die ganze Erde gewandert, da und dort verschollen, am Wege gestorben oder mit Ruhm, Ehre und Reichtum beladen in das kleine Haus im Kottage zurückgekehrt, um hier vor dem alten Lehrer und den neuen Schülern ihren Ruf, ihre Entwicklung und ihre Reife bestätigen zu lassen.

Wenn so ein junger Mann oder ein junges Mädchen während der kurzen Schritte zum Klavier sich an diese Dinge erinnerte, dann müßte das bißchen Courage freilich zusammenschnappen. Meistens aber denken sie an gar nichts als an ihr Stück, an dessen schwierige Stellen, und nur daran, daß »der Professor« da ist und sie anhört. Da kommt eine hübsche Engländerin. Das rostrote Haar umgibt ihr Haupt wie ein brennender Schein. Sie spielt scheinbar ohne körperliche Anstrengung; aber mit niedergeschlagenen Augen beaufsichtigt sie den Lauf der Finger über die Tasten. Ihre lächelnden Mienen werden ernster und ernster, ihre Mundwinkel zucken leise, und allmählich steigt eine sanfte Röte über den Saum ihres Kragens herauf zu den Wangen, zur Schläfe, und färbt ihr blasses Gesicht. Während die Leute applaudieren, tritt sie sofort zu Leschetitzky, lachend, eilig, als flüchte sie zu ihm nach einer glücklich überstandenen Gefahr. Dann, nachdem sie eine Silbe erhascht hat, verschwindet sie. Schon sitzt auch eine andere am Flügel. Ein kleines, blühendes Ding, eine Wienerin rotwangig und frisch, aber mit kurzsichtigen Augen und mit willensstarken, geschlossenen Zügen, aus denen nichts anderes als Fleiß, Entschiedenheit und sichere Ruhe spricht. Sie stößt mit sprungartigen Bewegungen in die Tasten, hält sich verkauert, fährt zurück und schießt gleich wieder mit aller Heftigkeit los, die Arme wie Krallen vorgestreckt, den Kopf geduckt, so daß man bei ihren Sprüngen unwillkürlich an ein kämpfendes Huhn denkt. Sie scheint nichts zu hören, nichts zu fühlen, nichts zu sehen. Zum Schluß aber tritt sie sofort, des Beifalls nicht achtend, zu Leschetitzky, aufatmend, lachend, eilig, als flüchte auch sie zu ihm nach einer glücklich überstandenen Gefahr. Alle wenden sich ihm so zu, wenn sie fertig sind; alle haben die gleiche Art, zu ihm zu flüchten, einen Augenblick lächelnd, aufatmend vor ihm zu stehen und dann zu verschwinden. Jetzt sitzt ein sehr bleicher, sehr englisch aussehender junger Mann am Flügel, der das Zittern seiner Unterlippe nicht beherrschen kann, der wie bewußtlos vor sich hinstarrt, und der doch unter dem Zwange des Augenblicks alles aus sich herausholt, was an Talent, an technischer Sicherheit und durchdachter Auffassung in ihm bereit lag. Dann kommt eine bildschöne Russin, die sehr ruhig scheint. Ihr elfenbeinschimmerndes Gesicht färbt sich nicht höher, nur den kleinen Mund preßt sie heftig zusammen und ihre Nasenflügel beben, während sie mit ihren dunklen, großen Augen die Leute anblitzt. Nach ihr eine Amerikanerin, die sich im Sessel wie in einem Sattel wiegt, die gütig den Kopf zur Seite neigt, zur Klaviatur herabnickt, als könne sanftes Zureden helfen. Dann wieder ein sehr ernster Mann mit einer Rubinsteinfrisur und – wenn man so gut sein will – mit einem Rubinsteingesicht, der hier nur gastiert, und der sein Lampenfieber hinter einer düsteren Entschlossenheit zu bergen trachtet. Dann ein Kind von vierzehn Jahren. American Girl, nicht eben schön. Ein bißchen dick in ihrem kurzen weißen Kleid, ein bißchen breitnasig und ein bißchen zu vollwangig. Spielt aber, als ob sie allein sei und nach keinem Menschen zu fragen hätte; den Kopf weit zurückgeworfen, Verzückung in den Mienen, die großen hellen Augen, die manchmal zu jauchzen scheinen, aufwärts gerichtet, und ist völlig eingehüllt in ihrer Musik wie in einer kleinen Wolke von Begeisterung.

Über all dieser Entfaltung von Talent, Energie, Ehrgeiz und Fleiß wacht der weißbärtige alte Herr, der mit seinen weißen, russisch geschnittenen Haaren, mit der gemütlichen Nase und den schwimmenden, verkniffenen, vergnügten blauen Augen wie ein Muschik aussieht. Rosig und frisch im ganzen Gesicht, bis unter die Haarwurzeln rosig, ist er voll Elastizität, voll Temperament und Nerven, scheint aus der musizierenden Jugend, die ihn beständig wie ein Choral des Lebens umgibt, immer neue Erquickung, immer neue Frische zu schöpfen. Mit der Präzision eines Thermometers und mit derselben Empfindlichkeit reagiert sein Kunstgefühl auf jeden Ton, der sein Ohr erreicht. Andere ermüden, seine Aufnahmefähigkeit aber wächst von Stunde zu Stunde und ermattet nicht. Gelingt etwas so recht nach seinem Willen, dann lachen seine Augen, sein Mund, seine Wangen; alles an ihm lacht, auch sein Herz: das sieht man sehr gut. Und in solchen Augenblicken ebenso wie in Momenten des Zornes, der Ungeduld kann man wahrnehmen, wie durch und durch künstlerisch das Wesen dieses Mannes ist und wie groß seine Gabe, sich zwingend, deutlich, überzeugend mitzuteilen. Oft und oft setzt er sich an das zweite Klavier, wenn der Vortrag des Spielenden ungleich, oberflächlich, verwischend wird, oder wenn's am Rhythmus oder an der dynamischen Wirkung hapert. Dann begleitet er nach seiner Weise den Schüler ein Stück des Weges, reißt ihn schneller mit sich fort, oder hält ihn zügelnd zurück, oder gibt einer Cantilene mehr Weichheit, hilft einem Thema zum plastischen Ausdruck und läßt dann den wider Willen Geleiteten allein weiter laufen. Oder er fährt wütend dazwischen, schickt die Vortragende unter heftigen Scheltworten vom Klavier weg und erlaubt ihr erst auf inständiges Bitten das Weiterspielen. Und da ist es oft rührend, wie so ein junges Ding nun seine ganze Aufmerksamkeit in beide Hände nimmt, um das glückliche Ende zu erreichen. Niemand wundert sich über solche Zwischenfälle, niemand von den Betroffenen zeigt falsche Scham. Alle wissen ja, daß sie hier eigentlich nur für ihn allein spielen, und nicht für die anderen hundert Menschen, die zufällig dabei sind.

Wie ein vielmögender Pförtner an der Schwelle des Ruhmes steht er vor dieser andrängenden, stürmisch den Einlaß begehrenden Jugend, die er durch sein Künstlertum beherrscht, durch den Glanz einer großen Vergangenheit und durch den Scharme einer immer sprudelnden, immer lebendigen und verheißungsvollen Gegenwart. Es ist ein hervortretender Zug im Wesen Leschetitzkys, daß er Festlichkeit um sich verbreitet. Damit lockt er und wirkt er wohl am meisten. All seine Wissenschaft und Erkenntnis würde ihm die Menschen nicht zuführen und könnte den Menschen nichts nützen, wenn er zufällig ein Schulmeister wäre und kein Künstler, wenn sein Ernst trocken wäre und er dieses strömende, zum Wohlsein und zur Feiertagslaune geneigte Temperament nicht besäße. Denn nie ist ein Schulmeister geliebt worden, und es ist kein Schaffen möglich ohne Heiterkeit des Herzens und festlich gestimmte Laune.

Stünde dieses kleine Haus in Graz, in Magdeburg oder in Düsseldorf, man würde sich beeilen, von Wien aus hinzureisen, um diese seltene Kunstakademie zu sehen, die ein einzelner geschaffen, die nur durch die Persönlichkeit eines einzelnen lebt, und aus der so viele Berühmtheiten hervorgegangen sind. Man würde den weiten Weg nicht scheuen, um einmal in dieser rätselhaften und wohltuenden Atmosphäre zu weilen, um diesen Mann genauer zu betrachten, der von weitem wie ein Magier aussieht, der in der Nähe jedoch nichts weiter ist als ein starker Mensch und ein Künstler von mitteilsamen Kräften. Weil es aber nur in Währing ist, kann die Sache aufgeschoben werden, denn da kommt man ja sowieso alle Tage hin.

ARISTOKRATEN-VORSTELLUNG

Der Wagen rollt durch das Augartentor und sogleich fühlt man sich ein wenig gehoben. Wer hat auch sonst Erlaubnis, hier hereinzukutschieren? Da gibt es denn einfach eine vornehme Stimmung, von der gemeinen Straße abbiegen und über diesen fürstlichen Kies dahinfahren zu dürfen. Schade, daß kein Schnarrposten da ist. Der könnte ein bißchen schreien, und das würde das Selbstgefühl ungemein steigern. Aber das sind überschwengliche, vermessene Träume, gefördert durch die Einsamkeit des Coupees. Betritt man erst die große Antichambre, dann schnappt man rasch wieder zusammen. Ein hoher Saal mit Kronleuchtern, Spiegeln, Teppichen. Weiß, Gold und Rot, die offiziellen Farben in den Palästen. Das Wort Zimmer schrumpft auf ein Nichts; in wahrhaft beschämender Weise. Hier sind Gemächer, Appartements. Und Lakaien. Ein solcher Schwarm von Lakaien, wie er sich nur in verschwenderisch ausstaffierten Romanen zu finden pflegt. Nicht einmal auf der Bühne. Denn welches Theater hätte so viele und so präsentable Komparsen? Galonierte prächtige Lakaien mit galonierten, prächtigen Gesichtern. Es ist wirklich herzerfreuend, wie gesund und wohlgenährt diese wackeren Männer aussehen. Lakaien, mit einem Wort, die höflich sind und streng dabei; die Gebärden von ungeheurem Stolz haben, und die einem trotzdem beim Ablegen des Winterrockes behilflich sind. Man merkt sofort: hier muß man sich geehrt fühlen.

Von allen Gefühlen, die es gibt, ist das Gefühl, geehrt zu sein, unstreitig das angenehmste. Und wenn man diese bescheidene Behauptung nur einigermaßen als wahr hinnehmen will, dann ist das Rätsel solcher Vorstellungen gelöst. Das Rätsel nämlich, daß man solche Vorstellungen wie Ereignisse ersten Ranges traktiert, daß man sich zu ihnen drängt, sich die Billette aus der Hand reißt und sich schlechterdings für deklassiert hält, wenn man nicht mit dabei gewesen ist. Es gibt Vorstellungen, in denen man sich gerührt, Vorstellungen, in denen man sich aufgeregt fühlt, Vorstellungen, in denen man sich belustigt oder begeistert, Vorstellungen, in denen man sich gelangweilt fühlt. Aber Vorstellungen, in denen man sich ununterbrochen geehrt fühlen muß, darf oder kann, gehören doch zu den seltenen Genüssen. Man betritt den Zuschauerraum, und gleich am Eingang steht ein Graf, der die Kartenabgabe überwacht. Zu viel Ehre! Man versucht, in seine Sitzreihe zu gelangen, und es erheben sich drei Komtessen, zwei Gardekapitäne, um uns durchzulassen, eine Altgräfin und zwei Prinzen. Zu viel, zu viel der Gnade! Man setzt sich nieder und hat einen Prinzen zur Rechten, eine Reichsfreifrau zur Linken, einen Fürsten vor sich und hinten einen Marquis.

Wie angenehm das ist! Und der Prinz zur Rechten plaudert mit der Reichsfreifrau zu deiner Linken, so laut und so ungeniert, als ob du gar nicht da, als ob du einfach Luft wärst. Jedes Wort hörst du, ob du nun willst oder nicht, du hörst es und bist hochgeehrt. Kein Zweifel.

Es wäre nun ganz abscheulich, die hohen Eintrittspreise zu erwähnen. Wer wird vom Geld sprechen? Was ist das überhaupt: Geld? Jeder Krämer, der sichs sauer werden läßt, kann es besitzen. Hier gilt vor allem die Wohltätigkeit, und was der Abend bringt, ist gewiß einem ebenso guten als tadellos frommen Zweck geweiht. Wenn adelige Leute lebende Bilder stehen und sich gegen Entree anschauen lassen, wenn dieser Saal im Augarten – ein zwar nicht allen, aber doch allen zahlenden Menschen gewidmeter Erlustigungsort wird, dann, bitte, nur keine plebejischen Anwandlungen. Daß Aristokraten keine gelernten Künstler sind, muß man im voraus wissen; daß sie nur über eine standesgemäße Begabung verfügen, darauf muß man gefaßt sein. So amüsant wie beim Wurstl kann's halt nicht sein. Aber: ein Theater, wo lauter Fürsten und Grafen und Komtessen und Prinzessinnen Komödie spielen, das ist doch was, Himmelherrgott!

Und – Himmelherrgott – es ist auch was! Schon der Zuschauerraum, dieses ganze vornehme, wenn auch reichlich bürgerlich gesprenkelte Auditorium bietet genug und genug. Wollte man die Kronen der hier versammelten Herrschaften auf ein Häuferl schichten, das gäbe eine nette, funkelnde Pyramide, die bis zur Decke reichen würde. Schwerlich vermöchte es diese Erwägung, auf einen Südsee-Insulaner sonderlich zu wirken. Aber ein zivilisierter Mensch fühlt sich immerhin von Ehrfurcht ergriffen. Was das Wissen, das Bewußtsein nicht alles tut: An einem anderen Ort zum Beispiel möchte man sich schrecklich entrüsten, wenn die Leute so schreien, wenn sie einander über zwanzig Köpfe hinweg anreden, sich »Grüß' dich« oder »Servus« zuschmettern wollten. Weil es aber Aristokraten sind, die so knallende Gespräche führen, hält man's für ungenierte Noblesse, fühlt sich eingeschüchtert von diesen Menschen, die durch ihre ungeheuer hörbare Konversation zu erkennen geben, daß sie immer und überall »unter sich« sind, und daß, wer nicht dazu gehört, einfach nicht als anwesend gilt. Das Bewußtsein und seine Helfer, die Kleider, die Uniformen, die Juwelen: es ist kinderleicht, eine Frau als eine Fürstin zu erkennen, wenn sie ein Diadem in den Haaren trägt, das eine Million wert sein mag. Man breite ein Kopftuch über diesen Schmuck, ein gewöhnliches, kleines Kopftuch, und das nette, zutrauliche Gesicht eines Wäschermädels ist fertig. Diesen kleinen Offizier, der trotz seiner Uniform so unscheinbar aussieht, muß man erst umdrehen, um hinten an seiner Kämmererspange zu merken, daß er »wer« ist. In Zivil würde man ihn mit seinen gewöhnlich-ernsthaften Zügen, mit seiner alltäglichen, ein wenig farblosen Wohlgenährtheit und mit seinem Zwicker für einen Magistratsbeamten nehmen. Jener alte Mann dort, dessen weißer

Bart ebenso ungepflegt als ehrwürdig ist, dem die Backen schlaff und wie ermüdet niederhängen, dem die Nase zum Mund hereinhängt, dem die Schultern hängen, und die Kleider am Leibe: – genau so, so betrübt und erschöpft und im ganzen so belanglos hat mein Mathematik-Professor ausgesehen. Jener Herr aber ist ein Fürst. Fürstliche Gnaden, Durchlaucht. Da ist eine liebe, schlanke Frau. Dünn wie eine Gelse. Fliegt im Saal umher wie eine Gelse, hat ein nettes, schmales Gesicht, kurzsichtige Augen, ein schnippisches Stumpfnäschen, und man würde sie treuherzig für ein niedliches Kammerzöfchen halten, das zu hüpfen gewöhnt ist, sooft die Klingel tönt; wenn man nicht wüßte, daß man sie Frau Gräfin ansprechen muß. Da sind junge Herren, die so glatt frisiert sind und so windspielhaft von Wuchs, wie feine Kellner in einem feinen Hotel. Haben so gutmütig junge, gedankenlos hübsche und sauber gewaschene Gesichter wie feine Kellner und sind Majoratserben, Prinzen, Pagen. Da sind andere, mit herrischen Mienen, scharfgerissene Profile, Nasen von einer Krümmung, die sich heutzutage nur ein Graf erlauben kann. Glühende Augen. Stolzgeschwungene Lippen. Und gleich sagen die Leute: Da sieht man die Rasse! Da zeigt sich die Abkunft! Aber mit Leichtigkeit könnte man in Hernals und in Ottakring ein paar junge Burschen einfangen, angehende Fiaker, bei denen nur die mangelhafte Kleidung schuld daran ist, daß sie nicht wie Grafen aussehen. Selbst aus der Tempelgasse ließen sich Duplikate herbeischaffen. Nur daß es dann freilich mit anderer Betonung hieße: Da sieht man die Rasse! Da zeigt sich die Abkunft!

Einen gänzlich Fremden – man brauchte ihn gar nicht von den Südsee-Inseln herzunehmen – könnte die Vorstellung nicht im mindesten interessieren. Weder das Publikum, da er unsere Uniformen und Ehrenzeichen nicht zu erkennen vermöchte, noch die Gaben der Bühne, da ja die stolzen Namen seinem Ohr unvertraut und gleichgültig wären, die Namen, ohne die beinahe alle Akteure ihren Reiz verlieren müßten. Wir aber haben die Zusammenhänge, haben alle die Relativitäten, die das Amüsement solcher Theaterspielerei ausmachen. Und mondainen Leuten mag es schon ein Hauptspaß sein, die Herrschaften, die sonst hoch über ihnen hausen, einmal als befangene, ehrgeizige Komödianten vor sich zu sehen.

Befangen aber und ehrgeizig sind die meisten dort oben auf den Brettern. Die Aufregung ist so ungeheuer, daß sie sympathisch wird, wie jede ehrliche Regung sympathisch ist. Da war ein Engel in dem ersten Bild. Eine reizende kleine Komteß hatte nichts weiter zu tun, als in der vorgeschriebenen Stellung ruhig dazusitzen, indes die anderen musizierten. Aber wie gelähmt war sie vor Befangenheit, wurde rot und röter unter der ungewohnten Schminke, und man mußte gerührt werden, wenn man das schöne Kind ansah. In diesem ersten Bild war übrigens die Darstellerin der heiligen Cäcilie vortrefflich. Ein Antlitz, als ob's von Holbein gemalt worden sei, mit einem weltentrückten Ernst in den Augen und einem frommen, strengen Harm auf den eingefallenen Wangen. Noch einer fiel mir im zweiten Bild auf: der Pierrot. Ein schöner, feingeschnittener Kopf. So geisterhaft beschattete, gleichsam gehöhlte Züge, daß man an die wunderbaren Pierrots denken mußte, die Willette gezeichnet hat. Dieses Bild brachte ein bewegliches Kindermenuett. Ein Halbdutzend winziger Prinzessinnen und Komtessen und, das muß wahr sein, sie haben wie die kleinen Ladstöcke getanzt. Aber lustig war's doch, wie an den Kindern gewisse Unterschiede am schärfsten merkbar wurden. Wie die einen nämlich, von ihrer Angst, von ihrer Befangenheit und von ihrem Ehrgeiz hypnotisiert, nur mehr automatisch sich rührten, indessen die anderen mit einer großartigen Gleichgültigkeit, mit absoluter Ruhe ihre Schritte und Knickse taten, unbekümmert, ob's gut sei oder schlecht, und als dächten sie: hier tanzt die Prinzessin Mimi – das genügt! Es waren dann im Schubert-Bild ein paar niedliche Mädchen zu sehen, von einem kleinbürgerlichen Typus, der unsere Vertraulichkeit nicht gar zu sehr entfernt. Und ein blonder Jüngling war bei ihnen, von der Schlankheit und federnden Grazie russischer Windspiele, dazu mit Augen, die so vergißmeinnichtblau schimmerten wie Schubertsche Lieder. Die Schubertschen Lieder aber sang ein Sänger – und die Wohltätigkeit ist wohltätig genug, seine Kunst zu schirmen. So wie er jedoch müßte der Bellac im Burgtheater aussehen, und im »Probepfeil« der Krasinski sollte sich eine solche Maske nehmen und ein Schubertlied als Einlage singen. Das gäbe einen Sturm. Weniger empfehlenswert für die Burg wären die spanischen Messerhelden, die man hernach zu sehen bekam, und die spanische Donna, die an der Leiche des gemordeten Liebsten ein so gemütliches Entsetzen, eine so gänzlich nebensächliche Verzweiflung agierte. Dann aber kam das letzte Bild, wo in der Tiefe des Ozeans der bärtige Freiherr mit dem »Jägerg'müat« als Neptun auf dem Throne saß und eine frappante Ähnlichkeit mit dem Pikkönig hatte, wo auf dem Meeresgrund ein weiblicher Leibhusar von pausbackiger Feschheit der Wassermajestät zur Seite stand, wo ein Hofnarr so hochmütig und schlecht gelaunt sein glattes, junges Antlitz in Falten zog, als sei er beim Demel oder im Café Pucher, wo ein Vierteldutzend adelige Frauen mit all der Sicherheit posierten, die ein fabelhafter Perlen- und Diamantenschatz der Seele verleiht, wo inmitten der Meeresgötter ein befrackter Baßgeiger erschien, der prachtvoll spielte, der aber mit all seiner Musik die Dissonanz zwischen seinem Frack und den Märchengewändern der übrigen nicht aufzulösen vermochte, und wo endlich – auch im Frack – Alfred Grünfeld kam, um mit Schuberts silbern tönender »Forelle« der fürnehmen Mummerei ein willkommenes Ende zu bereiten.

Man möchte vorschlagen: lasset die Aristokraten Karussels veranstalten. Niemand vermag ihnen das gleichzutun. Zu Pferde, in allen Künsten des Sattels und der Zügel, im Glanz ererbter herrlicher Kostüme werden sie uns Schauspiele geben können, die nur der Adel zu geben vermag, werden eine künstlerische, ja, gewiß eine berauschende Augenweide bieten, für die man ihnen wird danken müssen. Der Mensch, auch der vom Baron aufwärts, sollte immer nur das tun, wozu er Talent hat. Das Komödiespielen aber, das jetzt im Schwang ist, bleibt doch stets ein arges Dilettieren, das durch die vielen edlen Namen nur prätentiös wird, von seinen Mängeln aber, von seinen menschlichen und von seinen Geschmacksmängeln nichts verliert. Den namenlosen Zuschauern möchte man sagen: Habt ihr denn wirklich so viel von einer Vorstellung, in die ihr nur euren Snobismus mitnehmt? Und fühlt denn der Snobismus selbst sich nicht beschämt, da jeder Bürgerliche doch empfinden muß, bei einem Haustheater zu sein, in einem Hause, dessen Insassen euch sonst nie einlassen würden, und die in eurer Gegenwart fortfahren, sich untereinander zu vergnügen. Aber den Snobismus scheint das gar nicht zu genieren. Den Aristokraten scheint es Spaß zu machen, wenn die Unzulänglichkeit ein gesellschaftliches Ereignis wird. Die öffentliche Meinung dienert im Kartell vor dero leutselig Pläsier, und da schließlich doch ein bißchen Geld an fromme Vereine kommt, muß man die Dinge gehen lassen, wie sie gehen. Es ist nicht das Schlimmste, es ist nicht das Wichtigste, und die Mehrzahl der Menschen hat andere Sorgen.

FÜNFKREUZERTANZ

Ein Liebespaar hat mich zum Fünfkreuzertanz geführt. Sie war mir schon früher beim Ringelspiel aufgefallen, wo sie rasch eintrat und sich augenblicklich auf ein Pferd schwang, mit so viel Entschlossenheit, als wollte sie sagen: Von der Arbeit zum Vergnügen, das muß eben sein! Dann nahm sie sich in der verwaschenen Bluse und dem weißen Kopftuch, hoch zu Roß, sonderbar genug aus. Und wie das Ringeln anfing, schaute jedermann nach ihr, weil ihr hübsches Gesicht und ihre ganze Haltung solch ein leidenschaftliches Genießen, so tiefe Versunkenheit aussprach, so viel körperliche Hingabe und dabei so überraschenden Ernst. Man merkte, daß sie sich vollständig allein fühlte, daß die anderen Leute für sie nicht existierten. Später, als ich sie dann wiedersah, war sie freilich nicht mehr allein.

Ich vernahm, wie ein Budenausrufer mit einer wahrhaft tobenden Stimme von der Dame ohne Unterleib behauptete, sie sei das süße Mädel. Da blieb ich denn im Menschenschwarme stehen, um zu hören, wie der Mann seine immerhin schwierige Sache verfechten werde; und hier erblickte ich die Reiterin von früher wieder. Sie hing jetzt am Arme ihres Liebsten, den Kopf an seine Schulter gelehnt, während er, die Soldatenmütze weit zurückgeschoben, mit seinem jungen Antlitz, gläubig lächelnd, zu dem Ausrufer und zur Dame ohne Unterleib emporblickte. Ein Dritter kam herzu, und ich meinte zuerst, es sei ein Bekannter. Nur schien es mir sonderbar, daß der Mann barhaupt im Prater herumgehe. Es ergab sich jedoch, daß es gleichfalls ein Ausrufer war, ein Gehilfe sozusagen. Eigentlich aber noch ein blutiger Anfänger, denn er machte keine Späße; er sah auch gar nicht danach aus, als sei er zu Scherzen aufgelegt, und er war offenbar noch zu schüchtern, um laut zu allem Volk zu sprechen. Deshalb begnügte er sich einstweilen damit, sich an die einzelnen zu wenden und ihnen ganz privatim die Vorteile auseinanderzusetzen, die der Besuch der Bude ihnen bringen würde. Dabei sprach er sehr leise, und wenn auch mit enormer Wichtigkeit, so doch sichtlich verschämt. Das Liebespaar hörte ihn ebenfalls sehr befangen an. Nie habe ich drei Leute in solcher Verlegenheit und so ratlos beisammen gesehen. Unwillkürlich nahm ich Anteil an dieser heillosen Situation und war auf den Ausgang beinah ängstlich gespannt. Die Reiterin aber führte die Geschichte rücksichtslos zu Ende, indem sie ihren Burschen an der Hand nahm und wegging. Ganz einfach. Da folgte ich den beiden, die jetzt rasch dahinschritten, neugierig, das Vergnügungsprogramm dieses entschlossenen Mädchens kennen zu lernen. Sie eilten zum Tanz.

Unzähligemal bin ich an schönen Sommerabenden im Prater bei diesen Fünfkreuzerbällen vorübergegangen; oder manchmal für einen Augenblick nur stehengeblieben, um auf das Gewühl da drinnen zu schauen, mit jenem flüchtigen töricht-überlegenen Lächeln, das man gewöhnlich für die Freuden der Einfachen bereit hat. Wahrscheinlich wäre ich auch heute wieder vorbeigegangen, wenn mich nicht die Lust angewandelt hätte, zu sehen, ob sie auch so leidenschaftlich tanzen werde, wie sie sich ringeln ließ, so hingegeben und so versunken.

Unsicher und mit dem gewissen Lächeln stand ich im Saal, schaute in das dichte Getümmel, blickte in den großen, schmucklosen Raum umher und redete mir ein, daß mich die raucherfüllte Luft bedrücke, daß mir der Kleiderdunst lästig sei, der aufwirbelnde Staub, der scharfe Biergeruch, der Tumult so vieler schreiender Stimmen, das unbarmherzige Tosen der Blechmusik, und daß ich in zwei Minuten gehen werde.

Meine Liebesleute suchte ich vergebens. Der Wirbel hatte sie verschlungen. Aber es fand sich Ersatz genug. Gleich das erste Paar, das sich für meinen irrenden Blick aus der Menge löste, fesselte mich im Nu. Sie tanzten langsam, einen schönen, sicheren Sechsschritt und hielten sich dabei umarmt, vielmehr sie hatten einander um den Hals gefaßt und drückten Wange an Wange. Beide waren hochrot im Gesicht, der Schweiß lief ihnen über die Stirn, des Mädchens Haare hatten sich gelöst, aber sie achteten dessen nicht. Sie hielten immerzu die Wangen gegeneinandergepreßt, beinahe Mund an Mund, und glitten dahin, wie in einer tiefen Erregung, so daß von ihrer Unbekümmertheit schier etwas Feierliches ausging. Ein zweites Paar kam wiegend und sacht sich drehend einher. Sie ganz frisch und goldblond und zart, und er beinahe riesenhaft, aber schlank, mit einem Flaumbart. Und sie reichte ihm kaum bis zur Brust, lag in seinen Armen mit einem grenzenlosen Vertrauen, die Augen geschlossen, wie schlafend, und er sah hoch über sie hinweg, warf tapfere Blicke umher, und nahm sich aus, als rette er sein Glück aus tausend Gefahren. Dann aber kamen zwei, deren Mienen nicht wahrgenommen werden konnten, so blitzschnell drehten sie sich, so fabelhaft rasch sprangen sie vorüber. Sie schienen sich in einem Anfall von äußerster Raserei, ja in einer Art von rhythmischer Tobsucht zu befinden, in die sie durch die Musik gebracht wurden. Sie kamen bald darauf nochmals zum Vorschein, offenbar hatten sie so geschwind den ganzen Saal durchmessen. Sie, eine kleine, dicke, nicht mehr ganz jugendliche Person. Er, ein baumlanger Kerl, im Ruderleibchen und grauen Rock. Er mußte sich tief herabbücken, seine Dame um die Taille zu fassen, und so, in dieser anscheinend qualvollen Haltung, die einer andauernden, devoten Verbeugung glich, schwang er sich wie ein gepeitschter Kreisel. Ganz in meiner Nähe fielen sie plötzlich, wie hingeschleudert, auf eine Bank, mit todblassen, benommenen Mienen, nach einer Sekunde aber sprangen sie wieder auf und wirbelten mit derselben, unbegreiflichen Schnelligkeit weiter. Noch einige Male kamen sie also angesaust, und es war auffallend, wie wenig sie sich in solchen Pausen umeinander scherten, da sie doch, tanzend, so begeistert zusammenhielten. Wie nach einer Krankheit saßen sie da, machten verstörte Augen, bis es sie wiederum ergriff und emporriß. Ein Pärchen erzwang sich die Aufmerksamkeit, weil es sehr künstlich tanzte; bald nach rechts, bald nach links, bald geradeaus nach vorwärts, bald zurück. Dabei hatte sie ein gänzlich mißlungenes Gesicht, darin, wie bei einem geborstenen Schränkchen, durchaus nichts klappen wollte, weder Mund noch Augen. Und er war ein bißchen schief von Wuchs, hatte einen ärmlichen, farblosen Bart, schielte ein wenig, und seine geringfügige Nase nahm sich unter einer dicken Hornbrille sehr gedemütigt aus. Aber beiden konnte man die Anständigkeit sogleich anmerken, und so tanzten sie auch: treu, ehrlich und fleißig, versäumten keine Figur, ließen sich keine Nachlässigkeit zuschulden kommen und hatten eine sachliche Freude des Gelingens, in der ihr gedrücktes Selbstbewußtsein frei wurde. Sorgloser gingen zwei andere zu Werke, die mit ruckweisen Drehungen im Tanze sich schwangen; die Köpfe weit zurückgebogen, daß sie einander beständig ins Antlitz schauen konnten. Und beständig lachten sie, als ob ein prächtiger Scherz ihnen von einem Mund zum andern ginge. Dabei sagten sie kein Wort, redeten nur mit den lachenden Augen, und das war wie ein Spiel fröhlicher Kinder.

Überhaupt war in allen diese kindergleiche, vollkommene Hingabe an die Freude, und diesem tanzenden Gewühl entströmte eine unaussprechliche Glückseligkeit, mühelos verlockt, hingerissen und entfacht von ein paar Walzertakten und etlichen Trommelschlägen. Und die erwachende Sinneslust schlug die Harmlosigkeit hier keineswegs nieder. Vielmehr wurde all das Begehren, davon die Atmosphäre bebte, ins Unschuldige gerückt, da es so aufrichtig und mit solcher Selbstverständlichkeit sich äußerte. Was hier die Arme umeinanderschlang, das liebte sich, gleichviel, ob vorher schon oder jetzt erst, aber es gab keine andere Veranlassung zum Tanz als die Liebe. Sie tanzten mitsammen, weil sie sich liebten, und sie liebten sich, weil sie mitsammen tanzten.

Zwei Soldaten waren hereingekommen und standen neben mir. Artilleristen. Der eine von ihnen, aufragend und in der Fülle seiner Kraft, »schön wie ein junger Gott«, mit blauen, fröhlich leuchtenden Siegeraugen. Der andere schwächlich, von der Uniform fast erdrückt, und mit verprügelten Mienen. Ein hübsches blondes Mädchen sprang ihnen entgegen, flog mit ausgebreiteten Armen auf den schönen Burschen zu und küßte ihn, munter, herzlich, vergnügt. Er ließ sichs gefallen und meinte nur, auf den Kameraden deutend: »Dem gibst d' a a Bußl!« Sie zögerte keinen Moment, lächelte, stellte sich auf die Zehenspitzen und küßte den

Verprügelten. Dann wartete sie, daß der Schöne sie zum Tanze führe. Der aber schaute gelassen umher, achtete ihrer kaum. Er war nicht in der Geberlaune. So ließ sie sich denn vom andern umfangen.

Ein Ländler begann, eine kleine, bescheidene Melodie, die sich zufrieden im Kreise um sich selbst drehte, dann wieder innehielt, um sich gleich wieder gutgelaunt weiterzuschwingen. Und jetzt waren die Großstadtkinder und die vom Lande Zugereisten deutlich zu unterscheiden. Für die einen war's eben nur wieder ein Walzer, die anderen aber fingen an, sich in kleinen Gehschritten kirchweihmäßig zu wiegen, in jener ernsthaften Ruhe, mit der die Bauern den Tanz als eine feierliche Arbeit traktieren, und das Bauerng'wand schien unter mancher Uniform jetzt sichtbar zu werden. Ein Juchschrei flog da und dort empor, der Erinnerung an das ferne Dorf entstiegen, Händeklatschen, mühevolle Verschlingungen. Heimatkunst, in bescheidener Munterkeit verrichtet.

Inmitten dieser stampfenden, jubelnden, lachenden und liebenden Jugendseligkeit regt sich der Wunsch, hier nicht als Fremder stehen zu müssen, nicht wie nach fremden Tieren auf diejenigen zu schauen, die in Ursprünglichkeit und ungebrochener Lust genießen, nicht in Grübelei und nachdenklichem Zögern den Inhalt froher Stunden zu messen, sondern Anteil nehmen zu können, besinnungslos und ohne Rückhalt. Und da erträumt sich die Phantasie einen jungen Menschen, der, in allen Finessen des Geistes, des Wissens und der Kultur geschmeidig, dennoch so viel Schnellkraft sich bewahrt, daß er den Subtilen gelegentlich entwischt, seinen Lebensunband hierher zu tragen, der untertaucht in diesem dampfenden Tumult einfältiger Urtriebe, und dann neugebadet zurückkehrt zu den anderen, die nur beziehungsweise Wehmut kennen und vieldeutige Sentimentalität.

Schon dem Ausgange zugewendet, erblicke ich meine Bekannte vom Ringelspiel wieder. Sie walzt jetzt mit ihrem Burschen, ihr hübsches Gesicht ist dunkelrot geworden und hat denselben Ausdruck von Versunkenheit wie vorhin, da sie auf dem hölzernen Schaukelpferd saß. Hier aber fällt sie gar nicht auf, denn hier gleicht sie völlig den anderen, denen das Leben und die Jugend noch so überaus einfach geblieben: Man arbeitet erst und geht dann tanzen. Saure Wochen, frohe Feste.

STALEHNER

Das hundertjährige Stalehnerwirtshaus wurde niedergerissen, und ein neues aufgebaut. Denn die Zeit schreitet vorwärts. Ein Kapitel Hernalserischer Daseinswonne ist damit zu Ende. Wiener Liedersänger, Komiker, Lokalschriftsteller und allerlei andere Vergnügungskünstler haben da draußen den Kehraus gefeiert, den Abschied von einem Stück Urwüchsigkeit, das nun in der allgemein großstädtischen Banalität aufgehen wird. Es war ein Schluß mit Jubel.

Immer, wenn sie so ein altes Wiener Freudennest demolieren, staubt aus dem Schutt des bröckelnden Mauerwerks der Schwarm bekannter Worte empor: die Wiener Gemütlichkeit …, der Wiener Hamur …, die schöne, liebe, alte Zeit … Es ist, als wenn wir unter Menschen lebten, die wirklich allweil fidel sind, und nur traurig werden, wenn man ihnen einmal ein altes Wirtshaus zusperrt. Man muß sagen, daß uns bessere Häuser schon verschwunden sind, ehrwürdigere und wertvollere, als der Stalehner. Die neue junge Stadt ist über sie hinausgewachsen, und wir haben ihrer vergessen. Wir werden auch den Stalehner verschmerzen.

Ein Nekrolog gebührt ihm freilich. Denn er war berühmt und schaut auf eine große Vergangenheit zurück. Er hat seine Rolle gespielt in der Sittengeschichte von Wien, und sein Einfluß ist manchmal in dieser Stadt sehr fühlbar gewesen. Stalehner, das war nicht bloß ein Wirtshaus, sondern auch eine Art Weltanschauung. Das Wirtshaus haben sie jetzt niedergerissen, die Stalehner-Weltanschauung wird vielleicht bestehen bleiben. Vielleicht.

Stalehner … schon der Name hat etwas unnachahmlich Echtes, ist wie geschaffen zur Straßenberühmtheit. Der wienerische Dialekt schwingt auf diesem Namen wie ein Wäschermädel auf einer Praterhutschen. Es ist ein Fiakerparfüm darin, und ein Schnalzen, das aus den »enteren« Gründen kommt. Wir haben ein paar solcher köstlichen Wirtsnamen, deren bloßer Klang schon eine ganze Stimmung gibt. Weigl zum Beispiel mit dem gequetschten, wienerisch breitgedrückten »ei«, so daß es sich anhört wie ein wohliger Schnaufer. Oder Gschwandner … was ja wie ein Walzertakt schleudert. Nichts aber hört sich so behaglich an wie Stalehner mit diesem offenen, ein wenig frechen und gellenden Wiener a der ersten Silbe und dem Schleifen durch die Nase der beiden anderen: »lehner«. Behaglich und leichtsinnig.

Wir kennen den Namen jetzt schon über hundert Jahre. Und es sind viele, viele Wiener Früchteln und Wiener Kinder beim Stalehner draußen berühmt geworden. Die einen durch ihren Gesang, durch ihr Kunstpfeifen und durch ihren Mutterwitz, die anderen durch ihre Freigebigkeit, durch ihr »Aufdrahn« und durch ihr Trinken. Vom Standpunkt des Schanktisches aus muß man schon sagen: es war eine große Zeit. Aber, wer denkt denn heute der fröhlichen Schar! Weiß jemand noch was von der Judenpeppi, die so besonders talentvoll gepascht hat, wenn der Gruber das picksüße Hölzel spielte? Man weiß ja auch vom Gruber nichts mehr. Lieber Gott, es gibt so viele Gruber. Und diese beiden, der Meister auf dem Picksüßen und die Judenpeppi, haben in den fünfziger Jahren gelebt.

Vor ihnen mag es in dieser Heurigenseligkeit noch andere Götter gegeben haben. Aber sie sind vergessen und verschollen, wie man des Weins, nachdem man ihn genossen hat, vergißt. Der Boden hier ist reich. Er gibt in jedem Jahre eine neue Lese; und in jeder Generation neue Originale. Weinstöcke und Menschen, in denen die Kraft und der Übermut dieser Scholle aufgesammelt waren, sind hier herum immer frisch nachgewachsen. Derart ist ja denn auch der Anfang gewesen, daß der erste Stalehner ein Weinbauer war, der da draußen in dem winzigen Dörfchen Hernals das Leutgeben hatte, und alljährlich, wenn seine Trauben gekeltert waren, den Buschen aussteckte. In ihren kleinen, niedrigen Häuseln saßen sie dort nebeneinander, am Ufer des Alsbachs, der damals noch in seinem offenen grünen Bett zum Stroheck hinunterfloß. Zum Stalehner gingen dann die Harfenisten und Natursänger, die feschen Mädeln, die sich aufs Paschen verstanden, und die Fiaker brachten dort ihre Kavaliere hinaus, um ihnen draußen zu zeigen, daß sie nicht nur kutschieren, sondern auch dudeln und – trinken können.

So ist nach und nach der Stalehner die Grenzstelle geworden, an der sich die Blüte des Wiener Hochadels mit der Weinblüte des Wiener Volkes begegnete, die Grenze, an der sich beide in sanfter, singender Berauschtheit einander vermählten. Der Stalehner war die Stätte, an der die gräflichen Instinkte unserer Fiaker und die fiakerischen Triebe unserer Grafen einander in die Arme sanken. Es war, wie gesagt, eine große Zeit.

Wir wissen ja nichts mehr von den fünfziger Jahren. Da könnte sich ein Lokalchronist einmal ein Verdienst erwerben, wenn er die Geschichte des Hauses Stalehner erforschen und aufschreiben wollte. Tut er es nur halbwegs gut, und wird vom verjährten Weindunst, der ihm aus den vergangenen Zeiten aufsteigt, nicht betäubt, so daß er nun etwa selber in Duliähgejauchz ausbricht, dann muß ihm ein lebensvolles, farbiges Spiegelbild der Stadt Wien gelingen. Unser Erinnern weiß nur von dem Rausch der achtziger Jahre, jener Zeit, in der unsere Prinzen noch fröhlicher waren. Vom Glanz der Fiakermilli und der Turfkarolin, die zwischen der Freudenau und den Stalehnerischen Gefilden einst hochberühmt gewesen sind. Vom Bratfisch, der letzten romantischen Gestalt unter den Fiakern. Und daß der Ziehrer draußen die ersten Erfolge hatte, mit seinen ersten Walzern, in denen ja ein Echo von jenem hernalserischen Händeklatschen leise wiederklingt.

Hernals ... Wenn man von der Laimgruben bis zum Liechtental, und im weiteren Bogen von der Schwarzen Westen bis zum Krottenbach die verschiedenen Abschattierungen der Wiener Art betrachtet, wird man finden, daß Hernals etwas Besonderes ist: ein herbes Wienertum, weniger lyrisch, dafür aber unbändiger, mehr ins Randalierende und kreischend Grelle. Weniger anmutig und sanft, sondern von ausfahrenden Temperamenten feuriger und wilder gemacht. Es ist die Stelle, an der sich die Wiener Art zum Proletarischen absenkt, die Stelle, an der sie am leichtesten und am häufigsten verpöbelt. Es ist der Boden, auf dem die Schalanthers wachsen.

Gerade dieser Schalantherboden aber bringt die Menschen hervor, die den absoluten Willen zur Freude haben. Ihr Talent zum Vergnügen ist so groß, daß es alle anderen Gaben in ihnen aufsaugt. Der Leichtsinn in ihnen ist so stark, daß er sie dauernder berauscht als der Wein, den sie trinken; daß er ihnen glänzender und täuschender als der Wein die Sorgen des Daseins und seinen Ernst verhüllt. Die wienerische Fähigkeit, lustig zu sein, wird nirgendwo mit solcher Heftigkeit geübt wie hier, so entschlossen, so über alle Ursachen hinaus, und mit einer solchen Zuversicht in die altwienerischen Ausdrucksmittel des Fröhlichseins: Händeklatschen, Singen, Schnalzen, Pfeifen. Diese Hernalser Gegend, die nicht so anmutig ist wie andere Wiener Gegenden, die auch nicht anmutig war, als man noch vom Stalehner bis zu der Kirche mit dem Kalvarienberg hinsehen konnte, und der Blick nur Felder, Felder, Obstgärten und Weingelände überschaute, diese Gegend hat doch immer etwas Anlockendes gehabt: ihre kleinen Heurigenstuben, ihre Wirtshausgärten, in die man einkehrte auf der Wanderung zum Dornbacher Wald hinaus, oder auf dem Heimweg von dort in die Stadt zurück. In diesen winzigen verrauchten Stuben und in diesen primitiven Gärten war die singende, jauchzende Verführung. Dort lockte der Wein, den die Bauern zogen, dort der Gesang der Burschen, und dort die freigebige Üppigkeit der Weiber. In Grinzing, in Heiligenstadt, am Fuß des Nußberges gab es von jeher und gibt es noch immer Heurigenschenken, zu denen die Leute pilgern. Aber solch einen Schwung hat die Sache niemals gehabt. Solch einen Schmiß, daß die Nobelwelt herankarossiert kam, um sich aus dem Urwuchs des Volkstümlichen aufzufrischen und aufzufärben, hat es auf die Dauer nur beim Stalehner in Hernals gegeben.

Steht man vor dem Stalehnerhause, dann merkt man von außen schon, daß seine Zeit erfüllt ist. Das neue Niveau der Straße, die hier vorbeiführt, die nicht mehr nach dem Alsbach heißt, sondern nach dem ausgestorbenen Grafengeschlecht der Jörger, das hier in Hernals einst reich begütert gewesen ist, das Niveau dieser Straße hat man längst gehoben, und nun scheint es, als wäre das Stalehnerhaus sachte in die Erde versunken. Inwendig hat es den veralteten Reiz eines nach und nach adaptierten Vergnügungsnestes, hat diesen alten, immer ein wenig schmutzig aussehenden, immer von alkoholischen Kellerdünsten erfüllten Hof. Der langgestreckte Garten wurde zur Hälfte verbaut. Da ist ein Ballsaal aufgeführt worden, und den muß man durchschreiten, ehe man zum Garten und zur Sommerbühne kommt. All das ist vorstadtmäßig verschachtelt, ineinander verschränkt, Winkelwerk, malerisch und heimlig. All das zeigt den langsamen, Jahrzehnte währenden Aufschwung des Hauses, all das erzählt hier von dem immer mehr und mehr wachsenden Zulauf, von dem immer mehr steigenden Menschenandrang, dem Raum geschaffen werden mußte und Unterkommen. All das hier spricht von einer bedächtigen und langsam wienerisch-schlendernden Unternehmungslust und von einem stetig sich häufenden Wohlstand. Diese Gastzimmer, dieser Ballsaal, diese Gartenbühne zeigen vorstadtmäßige Begriffe von Luxus, Ausstattung und Eleganz.

Und da haftet nun die Fröhlichkeit, der Leichtsinn, die Debauche und der Übermut von drei, vier Generationen an diesen alten Wänden. Diese alten Zimmer, in denen der Weingeruch säuerlich geworden ist, haben die gutgelaunten Stunden von drei, vier Generationen mit angeschaut. Haben das Jauchzen von jungen Mädchen gehört, die heute längst dahin sind, wie die Blätter vergangener Sommerszeiten. Sie haben die naiven Kunststücke und die verführerischen Gemütlichkeitskniffe von drei, vier Fiakergenerationen mit angeschaut, haben den Gesang vernommen, der es hier jahrzehntelang allabendlich zur Decke hinaufschmetterte, daß der Wiener nicht untergeht, daß wir keine Traurigkeit nicht spüren lassen; und ein feiner Widerklang des einst so zwingenden Estam-tam scheint hier noch nachzudröhnen. Während man hier umherwandert, erwachen viele alte Wiener Lieder, die von diesen Räumen aus durch die ganze Stadt fegten, Lieder, deren Melodie schmeichlerisch war und schmiegsam, schaukelnd und wiegend, Lieder, die von Sorglosigkeit, von weinseligem Glück, von auftrotzendem Was-liegt-denn-dran-Humor sangen. Wenn man hier umhergeht, fühlt man sich angehaucht vom leichten Atem wienerischer Harmlosigkeit, von einer weichen, hinschmelzenden Güte, die an sich selbst kaput geht. Aber auch von einer erotischen Glut, die hier ins Toben kam, von einer Lebenskraft, die hier Betäubung suchte. In diesem Saal rauscht es noch von Walzern. Aber anders, wilder, trunkener als in dem Hietzinger Dommeyersaal, der ja jetzt auch bald verschwindet. Dort draußen in Hietzing, wo die ersten Lanner- und Straußwalzer geboren wurden, liegt über der Kaiser Franz-Architektur des Saales ein merkwürdiger, stiller Glanz von Vornehmheit. Hier eine Stimmung von süßer Pöbelei. Hier stampfte die Orgie der Fiakerbälle und riß junge Vorstadtmädchen und routinierte Ringstraßenkokotten, Hausmeisterburschen und Edelknaben, Fiaker und

Prinzen in ihrem Wirbel mit sich fort. »Beim Gschwander, Stalehner ... da lernt ma si kehner ...«

Schluß mit Jubel. Was da draußen war, ist wenigstens echt gewesen, ist organisch dem Erdreich entwachsen, und hatte die innere Notwendigkeit alles dessen, was auf natürliche Weise entsteht. Was da draußen war, ist mit der Erinnerung an fröhliche Wiener Tage innig verknüpft, ist dem wehmütigen Gedächtnis an die sprühende Jugendlaune der Kronprinzenzeit innig gesellt, ist vielleicht für lange, lange Jahre das letzte Kapitel wienerischer Leichtherzigkeit. Mit der Zeit freilich kam von außen manches falsche Element hinzu. Es kam die Nachäfferei, die das Ursprüngliche sich anschminken möchte, seine Farben fälscht und übertreibt. Es kam der Snobismus. Denn auch einen Stalehner-Snobismus hat es gegeben, der sich in die Manieren fiakerischer Lebenslust hineinschmiß und sich drin rekelte, wie er sich in die bequemen Polster unserer Fiakerwagen hochnasig hineinschmeißt und sich darin spreizt. Es kam auch die korrumpierende Wirkung, daß die »schlichten Leute aus dem Volk« da draußen ihre Schlichtheit mit Affektation zur Schau stellten, daß sie ohne Naivität ihre Urwüchsigkeit posierten und also, gleich den Schlierseer Bauern, auf eine nicht mehr ganz frische, nicht mehr ganz ursprüngliche Art die Komödianten ihrer eigenen Natur wurden. Schluß mit Jubel. Das alte Stalehner-Wirtshaus hat uns die ins Hernalserische gerückte Weltanschauung der Wiener dargestellt, wie uns der Stelzer in Rodaun die kalksburgisch gefärbte Wiener Weltanschauung bietet. Das alte Stalehner-Haus ist ein Stück Geschichte, ein Stück Kultur von Wien, war eine Charaktereigenschaft dieser ewig-anmutigen Stadt, die aber doch in ihrem Wesen mehr ist als immer nur fidel und lustig, wie manche Leute glauben oder glauben machen wollen.

BEIM BRADY

Der prächtige Titel »Wintergarten« ist natürlich eine Übertreibung. In Wirklichkeit spricht auch kein Mensch von Bradys Wintergarten, sondern alle Welt sagt einfach: beim Brady. An einen Garten erinnert übrigens nur die ziemlich geschmacklose Staketendekoration der Wände, dann ein wenig falscher Efeu und kunstlos gefälschtes Weinlaub. Sonst aber ist man hier beinahe wie in einer Spelunke. Und das mag eben der Hauptreiz an diesem »Wintergarten« sein, daß er wie ein Beisel aussieht. Denn wenn es irgendwo recht schäbig ist, dann sagt man in Wien noch lange nicht: hier ist's schäbig. Vielmehr findet man eine versöhnliche Bezeichnung dafür, und jedem, der sich über mangelnde Pracht, über fehlenden Komfort, über nasse Tischtücher und schlechte Luft beklagt, wird geantwortet: Ja, aber gemütlich ist's. Beim Brady ist es also gemütlich. Damit ist zugleich auch die Summe aller seiner Eigenschaften gezogen. Es läßt sich weiter nichts hinzufügen. Höchstens, daß es in Wien sonst nirgends so gemütlich ist, wie eben beim Brady. Und das ist allerdings sehr bemerkenswert. Die wienerische Gemütlichkeit, wie wir sie nur mehr noch aus abgedroschenen Liedern kennen, oder aus den Schilderungen der gewissen ältesten Leute, diese grundlos fröhliche, ziellose, an der eigenen Lebenslust entzündete, sorgenfreie, naive, singende und jauchzende Wiener Gemütlichkeit findet man jetzt nur hier. Aus den anderen Vergnügungslokalen, aus dem übrigen großen modernen Wien ist sie ja verschwunden. Vielleicht, daß man sie hie und da in irgendeinem versteckten Vorstadtwirtshaus noch treffen kann. Das ist aber sehr ungewiß. Die Zeiten sind vorbei. Und wenn man zum Brady geht, dann ist der Weg dahin schon wie ein Spaziergang in die Vergangenheit. Ein enges Gäßchen, das vom gemütlichen Franziskanerplatz unter einem schmalen Schwibbogen abbiegt, das sich windschief bei jedem Schritt anderswohin zu wenden scheint. Eine jener Gassen mit so enorm hohen Häusern, daß der Himmel droben nur wie eine schmale, helle Linie aussieht; und wenn hier unten einmal zwei Wagen einander begegnen, dann darf kein Fußgänger vorbei, weil er das bißchen Platz, das zum Ausweichen nötig ist, verstellen könnte. Das uralte, beinahe schon vergessene Wien. Was beim Brady geschieht, ist rasch erzählt. Eine Salonkapelle spielt; und wenn sie aufhört, dann singt ein Männerquartett zur Begleitung einer Ziehharmonika, einer Geige und einer Gitarre. Haben die vier Männer ihr Stücklein heruntergejodelt, dann kommt wieder die Salonkapelle dran. Ohne Pause. Und so ist denn der rauchige kleine Saal immerzu von Musik erfüllt. Daran scheint freilich nichts Besonderes zu sein, und man wird es noch nicht begreifen, wie nur ein mäßiges Orchester und vier Natursänger solchen Zulauf finden können. Denn der schlaue Brady ist nicht mehr da. Ein kleiner, leidlich hübscher, flotter Kerl mit einer angenehmen Pleinairstimme, war er sein eigener Star. Trug den Leuten seine fiakerisch-lustigen und sentimentalen Lieder vor und hatte jeden Abend zu dem geschäftlichen Profit den persönlichen Erfolg. Dann nahm er Abschied, als ein kluger Mann auf der Höhe seines Ruhmes, zog sich ins Privatleben zurück, vielleicht nur, um fortan zeitlicher schlafen gehen zu können, und erlaubte bloß, daß der Glanz seines Namens auch ferner des Nachfolgers Bude erleuchte. Unberühmte Leute, die man nicht näher kennt noch sieht, halten die Weinstube weiter. Ein Geschäftsführer ist da, in einem schwarzen Salonrock, ein dünner Mensch, der aussieht wie ein Meßner, der umhergeht und den Gästen guten Abend wünscht. Gesungen hat er noch nie, hübsch ist er auch nicht, kurzum, der Brady ist noch nicht ersetzt. Aber die gute Laune, die er hier eingerichtet hat, ist noch nicht verdampft; sie liegt hier noch immer in der Luft. Und wenn man hereinkommt, wird man fröhlich, man weiß nicht wie und man weiß nicht warum.

Schuld daran sind aber doch zunächst die Musikanten. Die von der Salonkapelle, und die vier Natursänger, die zur Geige, zur Gitarre und zur Ziehharmonika jodeln. Gewöhnlich gibt es ja nichts, was einen Menschen so traurig machen könnte, wie ein bezahlter Lustigmacher. Die armen Teufel, die beim öffentlichen Vergnügen bedienstet sind, versehen ihre Funktionen fast immer mit solcher Wehmut, daß einen bei ihrem Anblick der Menschheit ganzer Jammer anfaßt. Unter allen Professionals sind ja die Professionals der Heiterkeit die trübseligsten. Beim Brady ist das anders. Die Salonkapelle scheint gar nicht der Gäste wegen zu spielen, sondern nur ihrem Dirigenten zuliebe. Wenn der die Geige ansetzt und seinen Musikanten das Zeichen gibt, ist es, als wollten ein paar Freunde unter einem lustigen Rädelsführer einen Spaß anzetteln. Die zigeunerisch schmachtenden Primgeiger, die in posierter Ekstase vor unseren Augen zu vergehen scheinen, die kennen wir ja zum Überdruß. Daß aber dieser blitzlustige schwarze Bursche, der immerfort lacht, wenn er geigt, ein Poseur ist, glaube ich nicht. Er unterhält sich ganz einfach, wenn er eine Operettenmelodie spielt. Und weil er so animiert ist, singt er den Text gleich mit dazu, wiegt sich und tanzt ein bißchen dabei und schaut mit schwarzen, lachenden Augen und mit weißen, blinkenden Zähnen im Saal umher. Ferner könnte man auch die Natursänger für Gäste halten, die freiwillig zum allgemeinen Amusement beitragen. Sie sehen aus wie kleine Geschäftsleute, Fiaker, Fleischhauer, Greisler etwa, die ihr Sonntagsgewand angezogen haben und sich einen lustigen Abend machen wollen. Dick sind sie alle zusammen, und eigentlich nicht mehr ganz jung; aber einer fröhlicher als der andere. Der mit dem blonden Schnurrbart hat geradezu jubelnde Augen, ein fideler Leichtsinn spricht aus seinen Zügen und sein ganzes Wesen hat etwas Urwüchsiges, etwas Schnalzendes, dem man nicht widersteht. Der Jodler unter ihnen, der so hoch »überschlagen« kann, sieht spaßig aus. Er hat nicht nur die schönste Stimme, er gleicht auch wirklich einem singenden Vogel. Die Nase steht ihm spitz und hoch wie ein aufgesperrter Meisenschnabel dicht überm Mund. Dann kneift er auch die kleinen Augen so bedenklich zusammen, als belausche er sich; und wenn er sich einmal mit einem Triller an das Publikum wendet, zieht er ein Gesicht, als ob er einen schwierigen Fall zu explizieren hätte. Der dritte ist der Ironiker unter ihnen, temperamentvoll, aber gezügelt, schaut immer drein, als ob er nach einer Antwort suche, ist aber nie um zwanzig verlegen. Der vierte ist der Dickste; wahrscheinlich auch der Gutmütigste. Nur manchmal simuliert er Anfälle von Gesangstobsucht. Dann ist es drollig, wie dieser kleine Koloß zu brüllen anfängt und sich geberdet, als könne er die Lustigkeit in seiner Brust nicht länger bändigen.

Nun darf man aber nicht glauben, daß diese vier Sänger und der Kapellmeister etwa zu den besonderen Talenten gehören. Jeder von ihnen ist in jedem Augenblick zu ersetzen. Wenn einer nur ein wirklicher Wiener ist, wirklich lustig, und dabei ein bißchen singen kann, vermag er ihren Platz einzunehmen. Manchmal stellt sich auch von den Gästen einer zu ihnen und macht's geradeso wie sie. Und es ist eben ihr Reiz, daß sie so gar keine Künstler sind, sondern nur Wiener. Das gibt dem ganzen Brady seine Wirkung, daß hier eben sonst nichts vorgeht, als daß die Wiener auf ihre Weise fidel sein wollen. Anderswo will man essen oder trinken oder sich an Produktionen kritisch ergötzen. Hier will und soll kein Mensch etwas anderes als heiter sein. Die Gäste, die Musikanten, die Sänger; es geht alles in einem. Und wie da junge Prinzen, Offiziere, alte Lebemänner, Kommis, Bürgersleute, Kutscher und »kleine Mädchen« beisammensitzen und singen, ist es, als sei man hier in einer ganz kleinen Stadt, deren Einwohner eine besonders beschaffene Familie bilden, oder als fände man hier den Auszug aller wienerischen Art. Hier wird einem unaufhörlich in die Ohren gesungen, daß wir »zum Trübsalblasen nicht auf Erden sind«, hier hört man jeden Moment die unbestreitbare Tatsache vertont und betont, daß man »'s Geld auf dera Welt net fressen kann« und hier ist der Ort, wo diese Behauptungen nicht verlogen klingen, wo sich nichts in uns gegen solch billige Weltanschauung sträubt. Der einzige Ort, an dem man sich ohne Widerstand überreden läßt: »Drah'n m'r um und drah'n m'r auf – es liegt nix dran!« Vielleicht wirkt der Brady auch deshalb so zwingend, weil die Leute hier, ob sie gleich fast alle betrunken sind, sich nett benehmen. Betrunken ist, für einzelne wenigstens, gewiß nicht zu viel gesagt; allein hier lernt man den richtigen, anmutigen Sinn des guten Wortes: Angeheitert.

Angeheitert ist jeder. Man wird es vom Wein, man wird es von dem Gelächter ringsumher, von dieser Atmosphäre unbekümmerter, übermütiger Fröhlichkeit. Angeheitert wird man von diesem Kapellmeister, der die Geige streicht, als gäbe es nichts Lustigeres in der ganzen Welt als Geigenspielen.

Angeheitert von den Sängern, die einem lachend zujubeln: Es liegt nix dran. Angeheitert von dem Jodler, der den Meisenschnabel aufsperrt; sogar von dem feierlichen Meßner, der herumgeht und immerfort »Guten Abend!« wünscht. Da springt ein Lebemann plötzlich auf, drückt sich den Zylinder schief in die Stirn, hebt die Frackschöße und tanzt Cancan, da er augenscheinlich Paris nicht vergessen kann. Er geniert sich nicht, und alle applaudieren, feuern ihn an und sind im Nu gut bekannt mit ihm. Ein ernster Mensch, der wie ein Oberlehrer aussieht, oder wie ein kleiner Beamter, und der bisher still vor seinem Glas gesessen, fährt in die Höh', stürmt das Podium, drängt den Kapellmeister zur Seite und beginnt zu dirigieren. Wer weiß, vielleicht verwirklicht er hier zum erstenmal einen Lebenstraum. Irgendwo in einer Ecke hebt eine elegante junge Dame zu singen an: »Wann der Auerhahn ...«, eine glockenreine, helle Stimme. Sofort ist einer von den Natursängern dabei, jodelt die zweite Stimme, und die Geige, die Gitarre, die Ziehharmonika spielen die Begleitung. Vor einem Tisch im Kreis seiner Freunde und ihrer Mädchen ist ein junger Kavalier aufgestanden. Ein frisches, bildhübsches, aufgeregtes Pagengesicht, die Augen funkeln ihm, er sprüht vor Jugend und Lebenslust, hält einen Toast an alle Anwesenden, und wird nicht fertig. Ein alter Herr entzückt sich mit einemmal an einer Offenbachmelodie, wird sichtlich von Erinnerungen befallen und wiegt sich auf seinem Sessel hin und her. Ein Mann, den man für einen Viehhändler halten darf, zecht mit einer großen Blonden, die aussieht, wie eine von den strotzenden Rubensweibern aus einem seiner Bohnenkönigsfeste. Und dann fällt dem rothalsigen dicken Viehhändler unversehens ein, daß man noblerweise nicht zweimal aus demselben Becher trinken kann, und er zerschmettert jedes Glas, nachdem er es geleert hat, gleichmütig, gelassen, wie selbstverständlich, und die blonde Rubensdame lacht, wenn ihr der Champagner ins Gesicht oder auf das Kleid spritzt. In einer anderen Ecke sitzen kümmerliche Menschen. Wie sehr sie sich auch mit Ringen und Goldketten behängen, sie bleiben armselig; graue einfältige Gesichter; Spießbürger, offenbar aus der Provinz; die Frauen nach einer verschollenen, unwahrscheinlich gewordenen Mode gekleidet. Zur Freude nicht geboren, zu jedem Vergnügen talentlos, starren sie mit sachlichem Ernst auf das Getriebe. Dann aber geht es wie eine große Freudenwelle plötzlich über alle Köpfe. Plötzlich beginnen alle miteinander zu singen, die Kellner sogar, und selbst die Provinzler singen mit.

Das ist nun vielleicht sehr stumpfsinnig, es ist albern, wenn man will, und sicherlich ist es sinnlos. Ein Berliner Freund, den ich neulich zum Brady führte, ließ sich den ewig nüchternen Kopf nicht benebeln, fand, daß die ganze Sache der großstädtischen Pracht entbehre, daß die Ventilation zu wünschen übriglasse, und daß überhaupt die Geschichte »bezeichnend« für

Wien sei. Er hat allerdings recht, aber ahnungslos wie diese Berliner nun einmal unserer Stadt gegenüberstehen, auf ganz andere Art, als er denken mochte. Es ist freilich bezeichnend für Wien, daß es nur hier einen Brady geben kann, und nirgends anderswo, daß hier die Leute zusammenkommen, um zu singen und lustig zu sein, daß sie sich dabei betrinken und trotzdem manierlich bleiben, daß Aristokraten und Spießer, Offiziere und Kommis, Fiaker und Hofräte hier Tisch an Tisch sitzen, Wiener Lieder anhören und kopfüber in die Banalität der Gassenhauerweisheit tauchen, ihre Sorgen vergessen, und in die Hände klatschen: Drah'n m'r um und drah'n m'r auf! Sie ist kindisch diese Zuversicht, aber kindlich auch, und deswegen so wohltuend: Es liegt nix d'ran!

NACHTVERGNÜGEN

Musik. Junge Mädchen, welche tanzen. Und Champagnerwein. Das hat sich in den letzten paar Jahren allmählich so entwickelt. Aber schon beim gottseligen Brady galt es: »Kinder, wer kein Geld hat, der bleibt z' Haus ...« Die Natursänger schmetterten diese einfache Philosophie in den Saal. Wer sie vernahm, der war gewarnt, und durfte dann am nächsten Morgen nicht klagen: Ihr laßt den Armen schuldig werden.

Zuerst war der Brady allein. Er war wienerisch und wußte es nicht besser. Er trieb einen schwunghaften Handel mit Urwüchsigkeit, hielt einen Ausschank von Volksliedern; er regalierte seine Gäste mit dem Humor, der auf dem städtischen Pflaster sprießt. Und er ließ die bodenständige Lebensfreude alle Abend so lange aufkochen, bis sie sich glühend vermaß, der Welt eine Haxen auszureißen. Aber er war eben allein, und man konnte bei alledem behaupten, daß wir kein Nachtleben haben. Jetzt haben wir eines.

Jetzt gibt es in der Innern Stadt etwa ein halbes Dutzend Gelegenheiten, die Nacht zu verjubeln und das Geld »am Schädel zu hauen.« Das Verfahren ist inzwischen nur ein anderes geworden: Junge Mädchen, welche tanzen. Und Champagnerwein. Spanischer Fandango und Veuve Cliquot. Tunesischer Bauchtanz und American Drinks. Cake Walk und Vöslauer wie Bordeaux. Deutscher Sekt und Matchiche. Wir sind international geworden. Die nächtlichen Freudenlokale tragen fast alle pariserische Namen, und man amüsiert sich jetzt hinterwärts der Kärntnerstraße ganz genau nach derselben Art, nach der man sich in Berlin, Paris, New York oder Kopenhagen unterhält.

Deswegen fehlt es doch nicht ganz an Lokalton. Oft genug dringt durch die französisch-spanisch-amerikanische Buntheit ein Schimmer wienerischer Farbe. Auch hier kriegt man die neuesten Gassenhauer und die frisch entstandenen Straßenlieder zu hören. Wie das Gemüse, das draußen am Wiesensaum der Stadt wächst, werden auch sie nächtlicherweile herein und auf den Markt gebracht, diese kleinen Texte und Melodien, die draußen am Saum der Stadt aus der Erde wachsen. Und auch sie dienen hier nur zur Garnierung. Die Herren von der Kapelle singen sie. Denn es ist Mode geworden, daß die Orchesterleute sich nicht mehr auf ihre Instrumente beschränken, sondern daß sie einfach akute Anfälle von Lebensfreude haben. Anfälle, in denen sie die Daseinswonne ihres Herzens nicht mehr bändigen können. Ihr Jubel schwillt so mächtig an, daß er sich in einer Geige gar nicht mehr auffangen, in ein Klavier gar nicht mehr hineindreschen läßt. Da müssen dann die Musikanten einfach losbrechen, müssen zu singen anfangen, mitten während des Aufspielens. Sie können sich nicht anders helfen.

Das Wichtigste aber bleiben die jungen Mädchen, welche tanzen. Man sitzt rings um eine leere Mitte, an kleinen Tischchen. Und da kommen die jungen Mädchen. Das ist – zwischen ein und vier Uhr früh – wirklich sehr hübsch. Es sind lauter niedliche kleine Mädchen, manche von ihnen sind schön, manche sind nur angenehm; manche sind begabt und manche sind ohne Geschicklichkeit; manche sind voll Anmut und manche sind ganz hilflos; manche sind schüchtern, ja verlegen, und manche wieder sind sehr frech. Aber alle zusammen haben etwas Sanftes in ihrem Wesen, alle zusammen sind wie die Kinder, scheinen vom wirklichen Leben gar nichts zu wissen. Sie sind ganz arglos in ihren Begierden, in ihrer Gefallsucht, in ihren kleinen, durchsichtigen Raffinements. Ringsherum an den Tischen sitzen die Leute, die aus dem wirklichen Leben hier hereinkommen, aus allerlei Ernst und Sorge, aus allerlei Arbeit, Schwierigkeit und Schicksal; sitzen da und sind beladen mit ihren Gedanken, Geschäften und Pflichten. Sind gefesselt und gebunden an Dinge und Menschen, die draußen irgendwo leben, sind umstrickt von allen möglichen Zusammenhängen. Da in der Mitte, auf dem glatten Parkett jedoch tanzen die jungen Mädchen, und es ist, als existierten sie in einer eigenen Atmosphäre, in einer leichteren, in der es keine Gedanken und keine Sorgen gibt. Es ist, als tanzten sie, weil alle Zusammenhänge von ihnen sich abgelöst, und weil sie dadurch so viel freie Gelenkigkeit gewonnen haben. Es ist, als hätten sie gar kein Schicksal, sondern nur dieses Lächeln. Wenn der Morgen anbricht, gehen sie zu Bett, und die ungeheure Tagesarbeit dieser Stadt braust dann über ihren Schlummer hin. Sie hören es nicht. Sie sehen nur die vielen hellen Lichter des Abends, hören nur die lustige Musik. Und tanzen.

Das Orchester schmettert, und ein junges Mädchen wirft sich in den tönenden Schaum dieses Fandango, wirft sich mit einer enthusiastischen Gebärde in die Flut dieser hochaufspritzenden Musik, wie eine Badende, die vom Trampolin fröhlich ins helle Wasser sich schleudert. Ihr schönes Gesicht ist von Heiterkeit ganz erleuchtet; ihre schwarzen Augen glänzen und schauen irgendwohin, sehen niemanden an, und haben einen Ausdruck, als seien sie nur von einem schimmernden Nebel umgeben. Dieses Mädchen ist ganz von sich erfüllt. Von ihrer Jugend, von ihrer Schönheit, von ihrem Tanz, von der Wirkung, die sie ausübt. Ihr feiner, schlanker Körper arbeitet, von der Musik beherrscht, in allen Muskeln. Dieser achtzehnjährige Leib fiebert, und glüht und tobt. Er spürt seine kreisenden Kräfte und sehnt sich, diese Kräfte rasen zu lassen, sie zu verschwenden, sie hinzugeben an den Jubel dieser Stunde. So schleudern sich kleine, junge Lerchen in die Luft, so schwirren Libellen in der Mittagssonne. Dieses junge Mädchen, das eigentlich gar nicht tanzen kann, das wahrscheinlich gar kein Talent hat, ist dennoch in diesem Augenblick etwas ganz Vollkommenes. Denn sie tanzt ihre Jugend, ihre achtzehn Jahre, ihre Frische und ihren Frühling. Und sie genießt das alles, wie sie so in der jauchzenden Musik dahinfliegt, sie ist ganz allein mit sich, sie schlürft den feurigen Trank ihres Daseins und berauscht sich daran. Die Leute rings an den Tischen betrachten sie und werden von ihrem Zustand irgendwie mitgerissen. Sie betrachten dieses kunstlose, enthusiastische Mädchen und werden unwillkürlich erfrischt, werden milder, heiterer. Sie schauen sie an, wie man ein schönes, in der Luft tanzendes Insekt anschaut, dessen Leichtigkeit und Anmut etwas Aufmunterndes hat. Sie blicken gleichsam über den Bord ihres eigenen Lebens geneigt hierher auf diese mühelos heitere Existenz. Und lächeln. Die Musik bricht ab; das Mädchen steht, wie erschrocken, still, und geht dann mit einem ernsten, aufgewachten Gesicht hinaus.

Alle diese Mädchen tanzen sich selbst, erklären sich im Tanz, liefern Bekenntnisse, unfreiwillige Aufrichtigkeiten, lassen ihr Wesen sogleich erraten. Nicht nur diese Mädchen hier, überhaupt: Tanzen ist Selbstverrat. Da kommt eine, die tanzt ihre törichte Eitelkeit, schwatzt sie mit jeder Bewegung aus, zeigt mit unglaublich falschen Geziertheiten und mit schrecklich mißlingendem Stolz, wie sie sich das Nobelsein vorstellt, und das Verführerische. Eine Andere wieder ist halb noch ein Kind, hat blonde Gretchenhaare, blaue Augen und ein schmales bürgerliches Gesicht. Aber dieses Gesicht hat nur einen einzigen erstaunten, amüsierten, frivolen und verdutzten Ausdruck, als habe sie eben erst das Geheimnis der Liebe erfahren, als habe es ihr in dieser Sekunde erst eine Freundin ins Ohr geflüstert. Und in ihrem Tanz spricht sich nur dies eine aus, nur dieses: Ich weiß es! Wie sie die Schultern biegt, die Arme hebt, den Kopf zurückwirft, plötzlich auflachend mit den Augen zwinkert, scheint sie nur dies zu sagen: Ich weiß es! Wieder eine Andere tanzt ihren Leichtsinn, ihre vollendete Verlogenheit und Gier, tanzt in ihrem nachlässig studierten, fehlerhaften Schritt ihre Faulheit und Schlamperei. Wieder Eine tanzt immer ihre unleidlichen Hochstaplerinnenversuche, möchte in jede Drehung, in jeden Augenaufschlag, in jedes Neigen des Hauptes eine rätselhafte Bedeutung legen, möchte den Anschein wecken, als sei sie nur inkognito hier, nur aus mutwilliger Laune, als könne sie aber morgen wieder Sternkreuzordensdame sein oder Stiftsfräulein. Wieder eine Andere, ein nettes kleines Ding mit einfachen Mienen, mit gutmütigen Gebärden und mit hausbackener Haltung, tanzt ihre Bereitwilligkeit, jeden Moment Kindermädchen zu werden oder Weißnäherin, tanzt die Erinnerung an eine bescheidene, arme Vorstadtwohnung, tanzt die angeborene Sympathie fürs Staubabwischen und Fensterputzen.

Die begabteren unter diesen Mädchen haben immer die Landschaft um sich, aus der sie kommen, die Gegend, in der sie heimisch sind. Immer ist das besondere Kolorit ihrer Heimat an ihnen bemerkbar. Da ist eine kleine Pariserin, ganz mager, spitznäsig und kreideweiß. Aber mit diesen großen beredsamen Augen der Montmartremädchen und mit ihren plastisch eindringlichen, witzigen Gebärden. Und sie erinnert an unzählige ähnliche Gesichter, ähnliche Gestalten, die man abends auf der Place Pigalle oder in der Rue Lepic an sich vorbeihuschen sieht. Da ist eine kleine Engländerin, mit dem halb offenen, fragenden Hasenmund, mit dem kühlen, wasserblauen Blick, mit der unverbindlichen Koketterie ... träfe man sie nachts um elf in Piccadilly oder am Trafalgar Square, man könnte sie von den anderen Mädchen, die da herumlaufen, nicht unterscheiden. Da ist eine junge Dänin, und ihre braunen klaren Augen, ihre gerade, stolze Haltung erinnert an die schönen Kopenhagener Mädchen, die alle so klare, festblickende Augen haben wie junge Falken, und die alle so aufrecht, so frei und gesund einhergehen. Die anderen aber erinnern an gar nichts mehr. Nur an Nachtlokale. Ihre Mienen, ihre Blicke, ihre Gebärden sind vom Dunst und Rauch dieser Luft wie mit einer Patina bedeckt. Ihr Lächeln ist nur mehr das Lächeln dieser bezahlten Abende. Sie haben es durch den Nachttaumel vieler Städte geschleift, sie sind gewohnt, die grelle Musik mit diesem grellen Lächeln zu beantworten, und die Musik hat dieses Lächeln auf ihren Zügen erstarrt, hat es unpersönlich gemacht.

Eine lange Mulattin vollführt das virtuose Sohlenklappern des Hornpipe. Ekstase der Knöchelgelenke, die den ganzen Körper von unten her ins Schütteln bringt. Baskische Mädchen winden sich unter dem pochenden Rhythmus der Melodie in den buhlerischen Zärtlichkeiten der Matchiche. Dann der Cake Walk mit der frechen Unzucht des zappelnden, sich verrenkenden Niggers. Unsagbar, was dieser Tanz ausdrückt, wie er den Gentlemen up to date gewissermaßen als balzenden Affen im Frack entlarvt. Wenn dann die Musikanten wieder einmal zu brüllen anfangen: »Menschen, Menschen san m'r alle ...« ist man plötzlich wieder in Wien; wird durch den Gassenhauer erst daran erinnert, daß man nicht in einem Vergnügungsort zu Paris, Athen oder Port-Said sich befand. Wir sind international geworden.

Und ringsherum an den kleinen Tischen sitzen die Leute. Schauen auf diese aus aller Herren Ländern zusammengemischte Lustbarkeit. Lassen sich von der unaufhörlich schmetternden Musik aufrütteln, von spanischen, französischen, englischen, russischen, amerikanischen und wienerischen Melodien aufrütteln. Von spanischen, englischen und wienerischen Mädchen aufrütteln. Möchten die eigene Schwere, die eigene Bürgerlichkeit für eine Nacht wenigstens los sein und haben dennoch kein Talent zum Vergnügen, haben keinen rechten Glauben daran. Sie sitzen da und zweifeln, und überlegen, und machen mißtrauische Gesichter, ängstliche Augen, als fürchteten sie, es könne ihnen unversehens ihre Würde gestohlen werden, ihre soziale Stellung, oder als könne ihnen auf eins zwei ihre Selbstachtung abhanden kommen. Unsicher sind sie, ihrer selbst, und dieser Freuden da. Unsicher und lüstern zugleich und zugleich bereit, sich irgend etwas vorzulügen, sich einer auf den anderen auszureden. Frauen sitzen hier mit ihren Ehemännern, und machen neugierige Augen, und vergehen vor Begierde, einen Blick in den »Sündenpfuhl« zu tun, das »Laster« kennen zu lernen. Und dann haben sie, wenn sie irgendwo eine scharmante Gebärde, eine allzu deutliche Zärtlichkeit belauern, solch eine infame Milde in ihrem Lächeln, solch eine taktlose, selbstgefällige Nachsicht, daß man merkt, sie sind nur hergekommen, um sich aufzuspielen, um sich auf Kosten dieser Mädchen da überlegen zu fühlen. Wenn aber eine von den Tänzerinnen einmal zu solch einer Frau hingehen und ihr sagen würde: »Ich laß mich von Ihnen nicht ausnützen …,« man müßte es verstehen. Eine jedoch war da, und die wirkte rührend. Es war keine legitime Frau, aber offenbar schon jahrelang mit dem Manne, der neben ihr saß, beisammen. Eine Frau so zwischen dreißig und vierzig. Vielleicht früher einmal Choristin, jetzt aber an ein ruhiges Leben in behaglichen Verhältnissen gewöhnt. Noch immer schick gekleidet, mit jener Sorgfalt, die eine Frau anwendet, wenn sie abhängig ist und ihrem Freund immer wieder gefallen muß. Der Mann neben ihr an die Fünfzig, elegant, gepflegt, im Smoking. Und sie sah nun zu, wie er alle diese Tänzerinnen mit den Blicken verschlang. Eine nach der anderen. Sie sah zu, wie er diese jungen, tanzenden Mädchen musterte, prüfte, begehrte. Ein paarmal legte sie ganz leise ihre Hand auf die seinige. Er merkte es gar nicht; schien sie völlig vergessen zu haben. Um ihre Lippen bebte ein schwaches, beschämtes Lächeln. Sie spähte umher, ob niemand sie beobachtet habe. Von da an sah sie zu, wie der Mann neben ihr sie betrog, wie ihr seine Wünsche untreu wurden, vor ihren Augen. Sie sah aufmerksam diese jungen, sprühenden, in ihrer Frische entblößten Mädchen an, und ihr hübsches, verblühtes Gesicht wurde mutlos. Ihr Blick verhängte sich. Sie sah jetzt nichts mehr. Und sie saß da wie beraubt, verlassen und gänzlich entwaffnet.

Ringsherum an den kleinen Tischen sitzen die Leute, und es sind unsichtbare Schranken zwischen ihnen, zwischen ihrer Welt und dieser tanzenden Welt da. Manchmal aber läßt sich einer von den ernsten Männern vom Augenblick wegraffen, springt über diese Schranke und reißt so ein Mädchen an sich, um mit ihr zu tanzen. Gewöhnlich ist es ein älterer Herr, und gewöhnlich zeigt er durch irgend einen Ruck, den er sich gibt, durch eine unsäglich düstere Miene, daß er nun den Entschluß gefaßt habe, fröhlich zu sein. Es sind immer nur zwei Spielarten, von Männern. Der eine, der es einfach aus Sinnlichkeit tut, der sich mit dem bloßen Schauen nicht mehr begnügt. Er ist immer der ernsteste von allen. Seine Brauen runzeln sich, seine Stirn legt sich in Falten, sein Mund ist fest geschlossen. Also beginnt er, das Mädchen im Arme, zu tanzen. Zornig beinahe, dreht er sie im Kreis, preßt sie an sich und wirbelt mit ihr, und scheint entsetzlich wütend. Es ist schon kein Walzer mehr, sondern eher eine symbolische Handlung, die er vollzieht, eine vorläufige Besitzergreifung etwa. Dann geht er gesenkten Hauptes an seinen Platz zurück, setzt sich nieder und schaut sich erbittert um. Der Andere ist eitel, erinnert sich plötzlich, daß er schön tanzen kann, daß man ihm in seiner Jugend wegen seines leichten Sechsschrittes Komplimente gemacht hat. Und nun tanzt er mit so einem Mädchen, aber nicht, als ob er ihr sein Wohlgefallen, sondern als ob er ihr seine Anerkennung bezeigen wollte. In seinem Gesicht ist die Hoffnung, man werde ihn bewundern. Er hält das Kreuz hohl, dreht nach links, macht zierlich ausgemessene Schrittchen, setzt die Fußspitzen preziös nach auswärts, schwingt die Waden in affektierten Zirkeln, wechselt die Gangart, das Tempo, vollführt allerlei kleine Bravourstückchen, und hört dann plötzlich auf, weil er schwindlig wird. Kreidebleich setzt er sich nieder, trinkt in kleinen Schlucken, damit keiner bemerken soll, daß er keucht und ihm der Atem ausgegangen ist.

Nachtvergnügen. Draußen in den schlafend stillen Straßen, in der kalten Winterluft zerstiebt dies alles spurlos. Eine Weile noch rauscht die Musik ins Ohr, dann wird das letzte Echo davon verblasen. Eine Weile noch schimmert ein Frauenlächeln, dann verlischt es.

Das ist aber keineswegs eine Betrachtung, an die eine Schlußmoral geknüpft werden soll.

PETER ALTENBERG

Ist es nicht merkwürdig, wie er so an der Peripherie des Alltags dahinwandelt, an den äußeren Rändern des bürgerlichen Lebens? Dirnenlokale, Freudenhäuser, Boheme-Spelunken, Varietees, Kabaretts. Bei Menschen, die der brutalen Neugierde, der stumpfen Lustbarkeit, dem gedankenlosen Vergnügen der Satten dienen. Bei Menschen, die aufgebraucht, genossen, verachtet werden und die er anbetet. Dort schwelgt er in subtilen Wonnen, vergeht in Anfällen feiner und zärtlicher Verzweiflung. Dort waren die moskowitischen Sänger von der Newsky-Russotine-Truppe, denen er seine Seele hingab, dort war die spanische Tänzerin Carmen Aguileras, der er gleichfalls seine Seele hingab, das Aschanti-Mädchen Nah Bâdúh, an das er ebenfalls seine Seele hingab, dann die Schwestern Nagel, welche wienerische Lieder singen, dann die Leopoldine, die Gusti, die Anna, die Helene, die Gabriele, denen er immer wieder und wieder seine Seele hingegeben hat.

In die tobende Musik, in den Bierdunst, in das Gläserklirren, Kreischen, Lachen und Lärmen eines Nachtcafés tritt er ein, geht mit seinen sanften Schritten und mit seinem sanften Lächeln durch den Tumult, und der Reihe nach grüßen ihn zehn, zwölf, zwanzig Mädchen. »Servus Altenberg! ... O, Peter – wie geht's dir? ...« Sie grüßen ihn nicht wie einen Habitué, nicht wie eine geschätzte Kundschaft, sondern wie einen Freund, oder richtiger, wie man in einem Verein etwa ein Ehrenmitglied begrüßt. Vertraulich und hochachtungsvoll. Vertraulich, weil er ja dazugehört, und hochachtungsvoll, weil es ein Ehrenmitglied ist.

Man steht mit ihm an einer Straßenecke. Graben oder Kärntnerstraße. Spät nachts. Er disputiert, regt sich auf, schreit. Die Kutscher vom Standplatz hören zu, treten näher heran, bilden einen Kreis, lächeln. Dann sagt einer von ihnen mit tiefem Baß: »Hab' die Ehre, Herr von Altenberg ...« Um sich vor uns damit auszuzeichnen, daß er ihn kennt. Die anderen wiederholen es, intim und respektvoll. Es ist beinahe eine Ovation. Der Schutzmann kommt herbei, weil er glaubt, es gäbe einen Auflauf. Seine Mienen sagen: ach soo ... Er lächelt, salutiert: »Hab' die Ehre, Herr von Altenberg.«

Drei Uhr früh am Hof, wo die Marktweiber sitzen, Gemüse und Blumen verkaufen. Er geht mitten in dem Gewühl umher, atmet den Duft von Erdbeeren, Reseda, Levkoien, von Spinatblättern, Artischocken, Zuckererbsen; den Geruch des aufgehenden Tages und des frischbesprengten Straßenstaubes; sucht mit den Augen, liebkost mit den Augen die taufeuchten Blumen, die aufgetürmten grünen Gemüseberge und die hübschen Töchter der Marktweiber, die vierzehn- und fünfzehnjährigen.

Die Mütter und die Töchter nicken ihm zu: »Grüaß' Ihna God, Herr von Altenberg …«

Peter Altenberg erwünscht es sich, daß die Seele des Menschen an Terrain gewinne. Er hat das selbst einmal geschrieben, und es drückt sein Wesen vortrefflich aus. Er wird jetzt fünfzig Jahre alt. Das ist ein Abschnitt, um manches zu überdenken und sich mancher Dinge zu besinnen, und ich lese seine Bücher.

Ich lese, was ihm eine von den Spanierinnen einmal gesagt hat; eine Sängerin oder Tänzerin, vielleicht auch nur eine, die durch die American Bars und Chantant-Promenoirs von Europa zigeunert, jedenfalls eine von den vielen, denen er seine Seele hingegeben hat: »Votre lettre … je comprends, que vous me comprenez … c'est tout ce qu'il nous faut … c'est plus!«

Ich lese, wie er zusammen mit dem Pudel der Geliebten im Kaffeehaus die Geliebte erwartet, die aus dem Theater kommen soll: »Der Pudel setzte sich so, daß er die Eingangstür im Auge behalten konnte, und ich hielt es für sehr zweckmäßig, wenn auch ein wenig übertrieben, denn, bitte, es war halb acht Uhr, und wir hatten bis viertel zwölf Uhr zu warten. Wir saßen da und warteten. Jeder vorüberrauschende Wagen erweckte in ihm Hoffnungen, und ich sagte jedesmal zu ihm: ›Es ist nicht möglich, sie kann es noch nicht sein, bedenke doch, es ist nicht möglich!‹ Er war direkt krank vor Sehnsucht, wandte den Kopf nach mir um: ›Kommt sie oder kommt sie nicht?!‹ – ›Sie kommt, sie kommt …‹ erwiderte ich. Einmal gab er den Posten auf, kam zu mir heran, legte die Pfoten auf meine Knie, und ich küßte ihn. Wie wenn er zu mir sagte: ›Sage mir doch die Wahrheit, ich kann alles hören!‹ Um zehn Uhr begann er zu jammern. Da sagte ich zu ihm: ›Ja, glaubst du, mein Lieber, daß mir nicht bange ist?! Man muß sich beherrschen!‹ Er hielt nichts auf Beherrschung und jammerte …!«

Ich lese das Hotelzimmer: »Um drei Uhr morgens begannen die Vögel leise zu piepsen, andeutungsweise. Meine Sorgen wuchsen und wuchsen. Es begann im Gehirn wie mit einem rollenden Steinchen, riß alle Hoffnungsfreudigkeit mit, die Lebensleichtigkeiten, wurde zur zerstörenden Lawine, begrub die Fähigkeit, dem Tag zu genügen, und der unerbittlichen gebieterischen Stunde! Ein lauer Sturm brauste in den Baumwipfeln vor meinem Fenster …!« Und dann der Schluß: »Das Singen der Vögel in den Baumkronen wird deutlicher, Ansätze zu Melodien sind vorhanden. Laue Stürme bringen Wiesengeruch. Es wäre die schicklichste Stunde, sich am Fensterkreuze aufzuhängen …«

Ich lese die kleine Dichtung von den Märschen: »Es gibt drei Märsche, die in Musik umgewandelte Todeskühnheit und Blutdunst sind: Lorrainemarsch,

Sternenbannermarsch, Einzug der Gladiatoren. Sie müssen mit einer kurzen und schrecklichen Entschlossenheit gespielt werden! – – Die Instrumente mögen direkt in den Tod gehen! Besonders kleine Trommel und Klarinette seien Helden! Sterben fürs Vaterland! Ex! Man muß die Bataillone gleichsam sehen, die den Selbsterhaltungstrieb hinter sich zurücklassen! Vor, vor, vor! Eine schreckliche Krankheit hat das Gehirn, das Nervensystem ergriffen: ›Du oder ich, Hund!‹ Sonst nichts!«

Dann aus dem Tagebuch eines Großvaters: »Also Arterienverkalkung höchsten Grades – –. Die junge Frau wird leben, leben, die zu mir gesagt hat: ›Ich glaube nicht, daß mein Erscheinen jemanden so glücklich gemacht hat wie Sie!‹ – – Die Bergwiesen in R. werden duften und leuchten, besonders nach Regen am Abend. Niemals ist jemand so begeistert vor ihnen gestanden wie ich. – – Enkelin, süße, bescheidene, allzu zarte, verlegene, in dich gekehrte, immer spürtest du es: ›Mein Großpapa versteht mich besser als alle –.‹ Ich möchte dich anflehen aus dem Grabe: ›Warte auf einen, der dich so, so verstünde wie dein verstorbener Großvater! Aber du wirst ihn nicht erwarten können.‹ – – – Amen – – Arterienverkalkung höchsten Grades – – Lebet wohl!«

Dann das Café de l'Opera im Prater: »Jawohl, eine eigentümliche Beziehung ist zwischen diesen Dingen: Herr, Dame; Mandolinengezirpe, Birke, Platane, Esche; weiße Bogenlampe und kühler Auen Nachtduft. Etwas abseits vom Leben ist es. Es schleicht nicht dahin wie Brackwasser. Eine wundervolle Mischung ist es, welche uns heiter macht und leicht. So unbedenklich sitze ich und lausche. Niemanden beneide ich. Eine Rose kaufe ich und schenke sie Signorina Maria. Eine wundervolle Zigarette zünde ich mir an. Wie lieblich die Mandolinen gebaut sind, wie hohle tönende Birnen! Wie die Birkenblätter glitzern! Wie ruhig die Platane steht. Und wie die Esche mit ihren zarten Blätterfingern bebt.«

Ich lese all diese kleinen Werke, diese kleinen Predigten, Ansprachen und Dichtungen. Manche sind wie stählerne Projektile, so fest in sich geschlossen, so vollendet und präzise in ihrer Form; und sie dringen einem wie Projektile in die Brust; man ist getroffen und blutet an ihnen. Manche sind wie Kristalle und Edelsteine, funkelnd in allen farbigen Reflexen des farbigen Lebenslichtes, strahlend von eingefangenen Sonnenstrahlen und blitzend von einem geheimnisvollen inneren Feuer. Manche sind wie reife Früchte, warm vom Hauch des Sommers, schwellend und süß, und voll Duft nach Laub und Gärten. Ich lese alle diese kleinen Werke, und sie sind entzückend in dem Rhythmus ihrer Sprache, in ihrem Tempo, in ihren gleichsam mit einer heftigen Gebärde hingeschleuderten Satzformen, die so viel Plastik haben und so viel malerische Kraft. Diese Sprache ist wunderbar persönlich und erinnert an keine andere. Nur hie und da, ganz leise, mahnt irgendein Klang an den Sprechton von Andersen. Und wenn man es weiß, daß Altenbergs Vater für Victor Hugo geschwärmt und die französische Kultur fanatisch geliebt hat, aber nur wenn man das weiß, merkt man, daß die Jugend dieses Dichters oft den Schwung und das graziöse Pathos französischer Konversationskünste gehört hat, und daß davon ein schwaches Echo in seiner Rhetorik vernehmlich wird. Sonst aber erinnert diese Sprache an nichts. Wenn er sagt: »Sterben fürs Vaterland! Ex!« ... wenn er sagt: »So ist es! Schweige, Rekrut des Lebens!« ... oder: »Basta! Wozu Ereignisse?« ... oder: »Siehe! Diese Herrliche, Jugendliche, in purpurrotem Samt hat ihr Sedan in sich. Sie wird sich verfetten! Helas — —«; wenn er dies sagt, dann ist das wie lauter kleine neue Empfindungen, die er gemacht hat. Es ist, als ob man ihn reden hörte; als sprängen diese Ausrufe, diese verkapselten federnden, abschnappenden, pointierten Schlußwendungen unmittelbar aus der Hast und Aufregung seines Denkens und seines Temperaments. In seiner Form ist etwas Zwingendes; diese scheinbar asthmatische Beredsamkeit, dieses Klopfen aller Pulsadern in seiner Prosa, diese kurze, schnalzende Prägnanz wirkt verführerisch und lockt zur Kopie. Aber er allein nennt diese Echtheit sein eigen. Er hat vor sein erstes Buch das Motto gesetzt: »Mon verre n'est pas grand, mais je bois dans mon verre!« Mit der Zeit trinken freilich auch manche andere aus diesem Glas. Aber das macht nichts.

Er wählte dieses Motto von Alfred de Musset, als er anfing. Damals war er etwa dreißig Jahre alt und reif und fertig. Er ist nicht anders geworden seither, und was man künstlerische Entwicklung nennt, liegt nicht in seinem Wesen. Er wird niemals ein großes Werk schaffen, langsam komponieren und bauen, wird niemals die Fäden irgendeiner Handlung spinnen, knüpfen und lösen, niemals in seiner Phantasie Gestalten und Schicksale erschaffen. Denn er trägt nicht wie andere Künstler einen Teil des Lebens, ein Stück — einen »Fetzen«, würde er sagen — mit sich nach Hause, reißt nicht irgendein Stück aus dem Leben, um es bei sich zu verarbeiten, um es zu verändern, zu erhöhen und sein ganzes Ich darein zu verweben. Er sieht das Leben wie ein einziges, furchtbares und herrliches Schauspiel vor sich abrollen und hat keine Zeit, etwas zu versäumen, indem er sich mit sich selbst und mit einem Werk einschlösse. Er ist von diesem Schauspiel in solchem Maße erschüttert, gefesselt, berauscht, daß er keinen Moment vom Platze weicht. Ihm enthüllt sich die Tiefe der Welt in Worten, die Vorübergehende sprechen, in dem Auflachen oder im Erbleichen einer Dirne. Ihm öffnen sich die schwarzen Abgründe der Tragik im Seufzer eines enttäuschten Jünglings, in dem Blick, den eine gealterte Frau auf eine erblühende richtet. Er sagt: »Goldgelber, wunderbarer Chinatee«, und empfindet unermeßliche Fernen, exotische Landschaften, unermeßliche Möglichkeiten des Daseins. Er wird andächtig und ergriffen von dem rosigen gesunden Körper eines Kindes, erbebt vor den hellen unbeirrten Augen einer Dreizehnjährigen als vor etwas Göttlichem. Es ist seine innerste Notwendigkeit, still dazusitzen und zu schauen und sich schauend am Leben zu erzücken oder zu kränken. Und es ist seine innerste Notwendigkeit, daß er dann diese kurzen Briefe an das Leben richtet. Manchmal Anerkennungsschreiben, die von seinem Entzücken auf eine rührende Weise ganz durchtränkt sind. Manchmal wieder Schmähbriefe, in denen ein erstickender Zorn ins Stammeln gerät. Er wird immer nur diese kleinen Prosastücke schreiben; alle seine Bücher enthalten nur solche kleine Prosastücke, und die folgenden Bücher, die er noch erscheinen lassen mag, werden auch nichts anderes enthalten. Aber unter ihnen sind viele kleine Meisterwerke. In diesen wohnt eine ungemeine Flugkraft, und sie werden ihn über die Jahre hinwegtragen zu Generationen, die erst noch kommen. Denn Altenberg besitzt eine wunderbare Macht. Während andere mit der Gewalt eines langen Atems Werke schreiben, die man morgen schon vergessen hat, kann er mit seinem kurzen Atem Dinge sagen, die einfach unvergeßlich sind.

Er sitzt in den Dirnenlokalen, in den Freudenhäusern, in den Varietees, in den Boheme-Cafés und erwünscht es sich, daß die Seele des Menschen an Terrain gewinne. Es sind seine eigenen Worte. Freilich ist das der Wunsch so ziemlich aller Dichter, nebenbei auch aller Priester. Die Dichter betonen es nur nicht immer ausdrücklich, streben bloß bewußt oder unbewußt danach, zur Erreichung dieses Zieles etwas beizutragen. Die Priester wieder predigen und verkündigen es unaufhörlich und wissen Rezepte, die unfehlbar dazu verhelfen, daß die Seele an Terrain gewinne. Altenberg tut beides. Er predigt, und er dichtet; er gibt Rezepte, er überredet und schreit das Leben an, kanzelt es ab wie ein Priester und wirft sich ihm dann wieder bedingungslos, fassungslos, überwältigt in die Arme wie ein Künstler.

Er sieht eine Akrobatin, einen Fechter, eine junge Tänzerin voll Verve in jeder Bewegung oder einen Collie von echter Rasse oder ein Tiffany-Glas oder eine frische Wiesenblume und ruft mit geschnürter Stimme, zitternd vor Begeisterung: »Das ist das Höchste! Das Hö-ö-öchste!!« In dieser Sekunde ist es ihm wirklich das Höchste. Als habe das Leben eine neue Überraschung, irgendeine neue Aufmerksamkeit für Altenberg bereitgehalten, habe ihm diese Gabe plötzlich dargereicht, um ihn zu entzücken, und als sei er nun fürstlich beschenkt, als sei er vor allen anderen begnadet. Es ist aber auch, als umfasse er in dieser einen Sekunde wiederum den ganzen Reichtum des Daseins.

Er sieht eine Frau, und in diesem Augenblick ist sie die einzige, an die er seine Seele hingibt. »Ich habe das Antlitz gesehen«, sagt er. Jedes andere Antlitz verlöscht in ihm, versinkt, und es existiert nur dieses eine. Dieses ist ihm für jetzt die Erfüllung seines Traumes von Frauenschönheit; dieses ist ihm für jetzt die höchste Meisterleistung der schaffenden Natur und ist ihm ein Anlaß, wiederum ein lobendes Schreiben, einen enthusiastischen Dankbrief an das Leben zu richten. Er hat seine Seele oft nur für wenige

Tage, oft nur für eine halbe Stunde hingegeben; aber er hat sie immer ganz hingegeben, ohne Vorbehalt, und als täte er es zum erstenmal.

Er sitzt bei den jungen Männern, die sich Mädchen kaufen, und sagt ihnen: Glaubt nicht, daß ihr jetzt alle Rechte über dieses Geschöpf habt! Beachtet, wie herrlich schön dieses Mädchen ist. Nehmt sie nicht im brutalen Heißhunger eurer Sinne. Nehmt sie nicht so, daß ihr dabei die freche Gesinnung hegt, ihr werdet durch sie besudelt. Beachtet ihre Traurigkeit und ihre Heiterkeit; beachtet ihr Schicksal. Seid nicht wie Tiere! Die jungen Leute denken bei sich: er ist verrückt! Aber sie schlagen einen andern Ton gegen die Mädchen an. Die Seele des Menschen hat an Terrain gewonnen.

Viele junge Männer drängen sich zu ihm; viele ältere sitzen an seinem Tisch und hören ihm zu. Viele haben sich im Laufe der Jahre nacheinander seiner bemächtigt, haben ihn nicht losgelassen, konnten nicht existieren ohne seinen Zuspruch, ohne seine milden Reden, ohne seine Wutanfälle und tobenden Beschimpfungen. Verwöhnte Frauen, sehnsüchtige Mädchen langen über seine Bücher und über gesellschaftlichen Zwang hinweg nach ihm, begehren seine persönliche Nähe, seine Worte, spüren in ihm eine unbekannte neue Zärtlichkeit, eine wunschlose Anbetung, irgendeine Befreiung, irgendein Labsal oder eine Aufklärung. Die Leute in den Nachtlokalen, die Freudenmädchen, die stumpfsinnigen Trinker und Genießer, die Kellner, die Kutscher, die Schutzmänner, die Wirte, alle sprechen mit ihm. Er sagt ihnen: Hütet eure Verdauung! Habet Ehrfurcht vor eurem Schlaf! Er sagt ihnen: Die einzige Perversität, die es gibt, ist, seine Lebensenergien zu schwächen und zu vermindern! Alle diese Menschen verstehen ihn natürlich nicht, aber sie verstehen, daß er sie irgendwie liebt, daß er Güte für sie hat, und sie lieben ihn auch. Sie lächeln, wenn er seine langen Reden hält, sie blinzeln einander an, sie zucken die Achseln, aber sie lassen nicht ab, ihm zuzuhören, sie kommen nicht los von ihm. Wie das Grubenpferd im Germinal das andere eben von den Wiesen ins Bergwerk hinuntergelassene junge Tier beschnuppert und an seinem frischen Geruch die freie Luft und die Sonne ahnt, so wittern diese Leute, die im Alkoholdampf, im Lärm, in der Nachtmusik, im Rausch und Dunst ihrer Welt eingeschlossen sind, an ihm etwas von der Unschuld, die ihnen verloren ging, wittern an ihm die Poesie, die sie nicht mehr kennen, und freuen sich, wenn er kommt, und grüßen ihn, wenn er geht.

Er ist in dieser Welt etwa wie der Pilger Luka im Nachtasyl oder wie in der Macht der Finsternis der alte Akim. Er ist hier heimisch und kommt doch von wo anders her. Er wurzelt hier, und doch brennt in ihm eine Flamme, die nicht an diesen Lichtern hier unten entzündet worden ist. Er ist unter all den Erwachsenen und Beladenen und vom Dasein Entstellten vollkommen wie ein Kind. Seine Freunde, die ihn begreifen, schauen einander an und lächeln, wenn sie ihn wie ein Kind gegen das Leben eifern und streiten hören;

und sie lächeln noch einmal, wenn sie merken, wie vielfältig er doch wieder den Wirklichkeiten dieses Lebens verstrickt ist, und wie naiv er sich seiner bedient. Die breite Menge der Gebildeten ergötzt sich an seiner wunderlichen Erscheinung, verspottet seine kleinen Meisterwerke, hält ihn für verrückt oder für einen, der sich zum Narren hergibt, wohl auch für gemeingefährlich, jedenfalls für sehr verkommen. Im Kabarett Fledermaus erzählt Dr. Egon Friedell Altenberg-Anekdoten. So oft er beginnt: »Es ist mir beschieden, im Leben des Dichters Altenberg dieselbe Rolle zu spielen, die Eckermann im Leben Goethes gespielt hat«, brüllt das Publikum und meint, damit sei nun Altenberg gebührend verhöhnt worden. Es gilt ihnen schon als ein Witz, daß der Dr. Friedell sagt: Der Dichter Altenberg. Denn sie meinen, es sei im Ernst ganz unmöglich, ihn einen Dichter zu nennen. Sie brüllen auch zu den Anekdoten und ahnen nicht, wie glänzend diese erfunden sind. Die stürmische Heiterkeit, welche Dr. Friedell mit seinen Altenberg-Geschichten immer erregt, ist gewissermaßen eine falsche, eine mißverständliche Heiterkeit. Denn die Leute verstehen nicht, wie der ganze Wert dieser ausgezeichneten kleinen Geschichten nur darin besteht, daß aus ihnen die rührende und einzigartige Gestalt Altenbergs lebendig hervortritt, daß durch sie das Wesen Altenbergs mit einem klaren ungemein psychologischen Humor beleuchtet und manchmal verklärt wird. Die Leute sehen ihn von weitem. Sie sehen seine Werke aus der Entfernung ihres bürgerlichen und an vermorschte Wahrheiten geklammerten Standpunktes, genau so wie sie seine Person von weitem sehen, wenn er zufällig auf der Straße an ihnen vorbeigeht, oder wenn er eben im Saale ist, während Dr. Friedell von ihm spricht. Sie meinen dann ja auch, nachdem sie ihn begafft haben, er sähe wüst aus, vernachlässigt und beinahe zerlumpt. Und wissen nicht, mit welcher Sorgfalt diese weiche, den Körper kaum beschwerende Kleidung ausgewählt ist; wissen nicht, was für ein gepflegtes, weißes, durchleuchtetes Antlitz er hat, was für feine beseelte Züge, was für schöne strahlende Augen; sie wissen nicht, daß er die schmalsten vornehmsten Alabasterhände hat, und daß seine Stimme sanft und gesanglich klingt und edel.

Ist es nicht merkwürdig, wie er so an der Peripherie des Alltags dahinwandelt, am äußern Rand des bürgerlichen Lebens, an den Grenzlinien, wo das Wohlgeordnete sich löst, wo viele Dinge, die sonst als unumstößlich gelten, zweifelhaft werden! Er ist jetzt fünfzig Jahre alt, ist in diesem heutigen Wien eine der interessantesten, subtilsten und ergreifendsten Existenzen, ist für alle Wissenden in Europa ein geliebter und bewunderter Dichter, in dem großen geistigen Orchester ein Instrument, dessen besonderer Klang durchdringend und aus tausend Stimmen kenntlich bleibt, … und für das Amüsierpublikum vom Maxim, vom Café Central und vom Kabarett Fledermaus eine Kuriosität, ein ridiküles Schaustück neugierigen Bürgersleuten. Eines Tages aber wird man Altenberg-Erinnerungen schreiben und Altenberg-Biographien. Die dann diese Bücher lesen, werden glauben, ganz Wien habe dieses Original verstanden, verehrt und gefeiert, und sie werden sagen: Schade, daß wir ihn nicht mehr gekannt haben, wir hätten ihn ebenso gefeiert und verehrt. Eines Tages wird jemand beweisen, daß draußen, an den äußern Rändern des Alltags, durch das Wirken Altenbergs die Seele des Menschen an Terrain gewonnen habe. Dieser Beweis wird gelingen, weil es einfach wahr ist. Nur heute würde das niemand glauben wollen.

SPAZIERGANG IN DER VORSTADT

In diesen schönen Frühlingstagen bin ich jetzt oft und gern in Währing gewesen. Weit prächtiger mag es sich ja anhören, wenn einer sagen kann, er sei kürzlich erst in Samarkand spazierengegangen, oder er habe sich in Brasilien umgetan. Währing, das klingt natürlich nach gar nichts. Zwar wüßte ich nur wenig Punkte der Erde, von denen sich heute noch ein großes Rühmens machen ließe. Die Menschen sind überall schon umhergewesen und kommen überall hin. Alle Länder mit all ihren Städten sind uns hundertmal schon beschrieben, derart, daß gar viele unter uns, deren Sinn beständig nach der Ferne steht, im Weiteren besser Bescheid wissen als im Engeren und Nächsten. Mag es also auch nur Währing sein ... ist man da aufgewachsen, dann fragt man nicht viel, ob der Name des Ortes hinreichend prächtig sich anhört. Und wenn man nach zwanzig Jahren zum erstenmal wieder heimkehrt, zum erstenmal wieder an diesen bescheidenen Häusern vorbeigeht, und den stillen Gärten; nach zwanzig Jahren wieder den wohlvertrauten Umkreis durchwandert, darin man vorzeiten das Gehen und Sprechen gelernt, das Lesen und Schreiben, wo man die ersten Freuden gehabt hat und frühen Kummer genug, dann mag man sich allhier von der Lebendigkeit des Daseins stärker angerührt fühlen als im fremden Samarkand oder in Brasilien.

Das war damals wirklich so, und man schrieb es auch auf den Postadressen nicht anders, daß Währing »bei« Wien lag. Draußen, vor den festgemauerten Wällen lag es, hinter denen sich die Stadt verschanzte, und begann erst ein gutes Stück hinter dem gewaltigen Holzgatter, mit dem man die »Linie« absperren konnte. Von der Stadtseite her war es nur durch den einzigen Durchschlupf zu erreichen, den eben die Linie freiließ. Deutlich erinnere ich mich noch des Feldweges, der hinter dem Mauttor anfing und heimwärts führte. Felder überall und Wiesen. Und jenseits davon standen die ersten Währinger Häuser, wie gute Bekannte mit freundlichen Gesichtern. Aus den hellen Gassen kam man rasch überall ins Freie. Ein paar Schritte von der Kirche ab, die alte Neugasse hinauf, vorüber an dem halben Dutzend damals noch gern bespöttelter Kottagevillen, und man war auf der Türkenschanze, konnte durch hochstehende Saaten, durch Weingärten und Brachäcker unter Lerchenjubel und Sensenklirren in Feldeinsamkeit dahinwandeln, war einfach auf dem Lande. Und ein kleines, halb ländliches Gemeinwesen war das ganze Währing.

Die Stadt, die begann für uns gleich bei der Linie. Und beim Bürgerversorgungshaus, wo die Pferdebahn klingelnd zum Zögernitz hinausfuhr, glaubten wir uns schon mitten in ihrem stolzesten Gewühl.

Hatten wir uns aber einmal gar bis zum Josephinum vorgewagt, dann meinten wir alle Pracht der Residenz erspäht zu haben. Eine alte Tante kam damals aus der Provinz zu uns, um, wie sie sich ausdrückte, die Wienerstadt kennen zu lernen. Und da wir Knaben ihr als Fremdenführer dienten, ist auch sie übers Josephinum nicht hinausgelangt. Sie war genügsam und gab sich damit zufrieden. Sie hat den Rest ihrer Jahre bei uns verbracht, aber während wir Kinder die Wienerstadt, nach der es sie so sehr verlangte, längst schon in allen Bezirken durchstreiften, reichte ihr Begehren gar nicht mehr weiter. Täglich rüstete sie sich mit sehr viel umständlicher Feierlichkeit, um »in die Stadt« zu gehen, rückte voll Anstand und Bedacht bis an das Versorgungshaus, und machte dort pünktlich kehrt. Vom Graben, vom Stephansplatz, vom Praterstern sprach sie zuletzt nicht anders als von Gegenden, in deren exotische Gefahren sich nur ein übertriebener oder ein mutwilliger Mensch begibt.

So saß unsere Jugend da draußen abgeschlossen und hatte, in enger Nachbarschaft mit der großen fremden, eine kleine trauliche Welt ganz für sich. Man war am geruhigen Ufer eines rastlos und brausend hinstürzenden Stromes, der nur manchmal eine Welle ergötzlich und überraschend zu uns heraufwarf. Kam im Frühherbst das Militär anmarschiert, dann lief bei der schmetternden Musik der ganze Ort freudevoll zusammen. Und wenn die Truppen auf den Hügeln der Türkenschanze manövrierten, hatte Währing seine richtige Einquartierung. Da erinnere ich mich noch der milden Septemberabende, an denen Schlag neun vor unseren Fenstern der Zapfenstreich geblasen wurde. In unserem ersten Kindesschlaf vernahmen wir die melancholisch-verwegene Melodie, hörten sie aus dem Dunkel der Straße zu uns heraufklingen und fühlten uns von wundersamen Abenteuern umwittert.

Es gab noch ein paar andere wunderschöne Dinge in Währing, um die es schade ist. Da war das Gasthaus »zum wilden Mann«. Freilich besteht es auch heute noch. Aber sein Charakter ist hin, seine Individualität ausgelöscht. Es ist längst in Reih und Glied der Gewöhnlichkeit getreten, steht mit seiner gleichförmigen Zinshausfront, mit den banalen Spiegelscheiben eingefügt in andere Fronten an der Straße, es gleicht den fünfhundert übrigen Bierhallen in Wien und nimmermehr sich selbst. Damals war es eine kleine, lang hingestreckte Baracke, voll altgeschwärzter, verräucherter, köstlich patinierter Gemütlichkeit, lag angeschmiegt an einen uralten Garten, der wie ein Wald aussah, dessen Baumgipfel, breit ausladend, die enge Hauptstraße überschatteten und in dessen duftender Ruhe vormittags die Kinder spielen durften. Dann war das Gasthaus »zum Biersack« da. Ein ländliches Gebäude mit einer für Heuwagen berechneten Toreinfahrt, von der man in die saalgroße, blendende Küche schauen konnte. Wir haben das oft getan, weil dort ein paar üppige Wirtstöchter, hochmütig, aber anlockend, mit den

Schulbuben kokettierten; hübsche, wenn auch allzu feiste Backfische, die trotz ihrer geputzten Kleider famos in die Küche paßten, weil sie sich dort auf dem Nährboden ihrer blanken Fülle zeigten, ihn anschaulich zu erläutern und anzupreisen schienen. Einen Wirtschaftshof gab es da mit Schlachtbank, Taubenkogel und Steirerwagerl unter blühenden Akazien, und hinter dem weißen Zaun, der ihn abgrenzte, sah man den kühldunklen, kastanienlaubüberdeckten Biergarten. Es war ein Bild naiver Behaglichkeit, eine Szenerie für altväterische Genußfreude, wie etwa Schwind sie hätte zeichnen mögen. Und er muß den Biersack ja wohl gekannt haben, denn sein Freund Schubert hat oftmals hier fröhliche Einkehr gehalten, hat sogar, um sein müheloses Schaffen zu erproben, das Ständchen hier komponiert, mitten im Lärm unter Gläserklirren und Kellnerrufen. Dann gab's den Bachusgarten, an den mir nur ein verschleiertes Erinnern geblieben ist, wie an einen prangenden Traum. Uns war der Name schon wie ein Märchen. Den fröhlichen Weingott hatten wir auf Schildern neben Gambrinus oft gemalt erblickt, und angesichts der stattlichen, vollkommenen Bekleidung, die der Bierkönig trug, konnte der nackte, mit Weinlaub bekränzte Jüngling den Eindruck fröhlichster Unbändigkeit wecken. Der Bachusgarten, das schien uns sein eigener, gewissermaßen sein Privatgarten zu sein. Ein Märchen war halb erfüllt, da es den Garten gab, und wenn der Gott auch sichtbarlich darin fehlte, wir suchten ihn darin, und vermuteten seine Gegenwart. Es war eine wundervolle, zügellos grünende und blühende Wildnis, die hinter der mürrischen grauen Mauer sich auftat. Hoch standen die Gräser, undurchdringlich das Strauchwerk, und finstere alte Bäume reckten mit wilden Gebärden ihre Äste zum Sonnenlicht. Heute ist dies alles spurlos verschwunden. Eine gesittete, langweilige Häuserreihe steht nüchtern und vernünftig da. Nur das Staunen, mit dem man die ganze Verwandlung gewahrt, zeigt uns, wie tief einst der Glaube an die Unwandelbarkeit dieser Dinge gewesen.

Aber ich weiß sehr genau, wann dieser Umschwung begonnen hat. Eines Tages kam die Tramway heraufgeklingelt und fuhr mitten durch Währing. Es gab Straßen, die von Schienen durchzogen wurden, es gab Haltestellen. Man war einfach wie in Wien. Diese Tramway, die hin und her klingelte, bis tief in die Nacht hinein, sogar bis zehn Uhr, hat den ganzen Ort aufrebellt. Drei- und vierstockhohe Häuser reckten sich himmelwärts, rückten gegen die Stadt vor und besetzten das wüste Feld, das zwischen Wien und Währing lag. Angesichts dieser steinernen Regimenter sank der Linienwall zusammen, von hüben und drüben schlossen Straßenzüge und Baulichkeiten ineinander. Über die einstige Grenzspur aber ward der eherne Reif der Stadtbahn geschlagen.

Wandert man jetzt in dem neuen, von der Elektrischen durchsausten Bezirk umher, dann muß man das alte Währing unter all dem frisch

Hinzugewachsenen mühsam hervorsuchen. Völlig schüchtern hält es sich verborgen, schweigt, weil es ja doch überschrien wird, und läßt das geschäftig eingedrungene Wesen schalten. Manches wohlbekannte alte Haus findet sich freilich noch. Beinahe jedes aber ist verändert, ist entweder ganz nobel, ganz modern herausgeputzt, hat sich entwickelt, ist jung geblieben, oder es scheint ablehnend in sich zu verharren. Und da fällt es mir auf, wie merkwürdig menschenähnlich manche Häuser altern. Sie werden unfreundlich, da sie einst gastlich und einladend gewesen, erscheinen mürrisch und schlecht gelaunt wie Greise, und man hat Mitleid mit ihnen, wie mit betagten, verbitterten Menschen, denen doch nicht zu helfen ist. Wer die Leute gekannt hat, die vor einem Vierteljahrhundert hier ihr Gewerbe getrieben haben, der kann auf seinem Spaziergang wohl auch merken, wie eine helle, in den morgigen Tag hineinhorchende Klugheit, wie verständiger Fleiß sich belohnt, und wie da der einzelne mit dem Boden, dem er sich anvertraut, gedeiht. Da ist nun mancher, den ich ganz klein hier einziehen und seinen Glückskreuzer an die Ladenschwelle nageln sah, heute ein großer Herr geworden, mancher enge Kramladen hat sich erweitert und prunkt jetzt mit großstädtischer Eleganz. Andere wieder, die hier ein üppiges Leben führten, so recht mit Übermut in ihrem Glück saßen, sind verschwunden, verdorben und verarmt, und drücken sich in kümmerliche Seitengassen. Man darf schon an die Leute von Seldwyla denken, denn die Währinger sind ein gar lustiges, zu allerhand Kurzweil stets bereites Volk.

Ehe ich dann den Weg ins Grüne gehe, den alten Weg der Währinger nach Weinhaus, Gersthof, Pötzleinsdorf, diesen drei Dörfern, die so wie an einer Schnur an der Straße aufgereiht liegen, suche ich den alten Ortsfriedhof heim, der unberührt wie einst mitten unter den Häusern liegt, und dem sie auch die kleine Zufahrtsrampe gelassen haben. Schubert und Beethoven haben hier geruht, und ihre ersten Grabsteine sind noch an der gleichen Stelle. Aus der Erde, in der Beethoven vermodert ist, sprießen Dijonrosen und wollen eben ihre Knospen öffnen. Über eingesunkene Grabhügel schreitet man dahin, an geborstenen Grüften vorüber. Die Inschriften auf den Totensteinen sind verlöscht und verwaschen, sie haben nichts mehr zu melden. Vergessene und Verlassene zumeist schlafen hier. Die Trauer, die einst um diese Stätte gewebt und sich zu Ewigkeitsversprechungen aufschwang, der Schmerz, der über diesen Särgen weinte und der sich in goldenen Lettern unstillbar nannte, all die Klagen, Tränen und all der Jammer schicken sich an, zu verflüchtigen. Von draußen dringt das Brausen der jungen Tage herein und weht die zögernde Erinnerung hinweg. Das Gewesene versinkt hier tiefer, tiefer in den Erdenschoß. Aber ein dunkles, machtvolles Grünen treibt üppig aus der reichgedüngten Scholle. Wie ein wilder, verwunschener Garten liegt der Friedhof da, blühende Hecken und schwellende Gräser überwachsen und decken den Totenzierat, und wunderbare Bäume sind hoch emporgeschossen, seit ich, ein Kind noch, hier gewesen, breiten ihre Wipfel in der Maienluft und trinken mit ihren Wurzeln die Kraft dieser Erde, die einst lebendig war.

Nur ganz draußen in Pötzleinsdorf ist alles beim Alten geblieben. Und der lieblich-schöne Wald umfängt einen wie treue, unwandelbare Freundschaft. Bloß weil das Unterholz so arg in die Höhe gewachsen ist und an manchen Punkten die Aussicht sperrt, wo einst der Blick das stille Tal durchmessen konnte, merkt man, daß ein bißchen Zeit vergangen sein mag. Da steht noch die Bank, einst Ziel und Rast so vieler Spaziergänger.

Ich will mich nach so langer Frist auf diese liebe alte Bank setzen. Und vielleicht wäre jetzt der Augenblick, Betrachtungen anzustellen: wie das Leben hinrollt, wie alles unaufhaltsam wächst und vergeht. Oder: wie man an diesem kleinen Gemeinwesen, das sachte und wie einer tätigen Vernunft folgend sich entfaltet hat, die ungeheure Bewegungsgewalt aller Entwicklung kann begreifen lernen. Aber ich denke nur an das Traumhafte dieses Spazierganges. Daß ich in diesen Lebensbereich, der mir einst so nahe gewesen, zurückgekehrt bin, und daß mir nun zumute ist, als sei ich gestorben gewesen oder all die Jahre her ganz fern von hier, in einem anderen Weltteil. Und habe inzwischen doch nur am Alsergrund gewohnt, gleich nebenan. So leben wir in einer großen Stadt. Leben stets nur auf einem winzigen Fleck, in zwei, drei Gassen. Begnügen uns mit dem Gefühl der Fülle, die uns umbraust. Und haben jeder irgendein Josephinum, bei dem wir Halt machen. Alle Fernen zwingen wir uns herbei in unser Zimmer, haben sie in Papier und Büchern eingefangen auf unserem Tisch. Aber es passiert uns, daß wir das Lebendigste versäumen, auch wenn, um es zu sehen, nicht mehr vonnöten ist als ein Spaziergang von einem Stadtviertel in das andere.

LUEGER

Vielleicht kommt es auch dazu, und es greift einmal jemand nach diesem Mann und stellt ihn mitten in einen Wiener Roman, und rollt sein Leben auf und enthüllt sein Schicksal. Aber das müßte dann freilich einer tun, dem nicht Haß, noch Bewunderung den Blick umschleiert; es müßte jemand sein, der die wundervolle Gabe des Anschauens besitzt und dem in seiner Kunst nichts höher gilt als die Anschaulichkeit. Wie man einen Schlüssel ins Schloß fügt, so müßte derjenige, der es unternimmt, diesen Roman zu schreiben, den Lueger-Charakter in das Herz des Wiener Volkes einfügen und dieses Herz damit aufsperren, daß alle seine Kammern offen stünden. Er müßte die Gestalt Luegers so über die wienerische Art hinfegen lassen wie eine Wolke über eine Wasserfläche streicht, und das Wesen Luegers müßte sich in der Tiefe des wienerischen Wesens spiegeln wie eine Wolke auf dem Grund der Flut sich abzubilden scheint. Er müßte die ganze Stadt rings um diesen Mann herum aufbauen, damit alle ihre Farben und ihre Lichter, in diesem einen gesammelt, blitzen und funkeln. Das wäre die Aufgabe.

Wichtig, interessant und für den Roman sehr wirksam ist es, daß er gleich im Anfang sagte, er wolle Bürgermeister von Wien werden. Bei allen Parteien, denen er sich anbot, hat er diese Bedingung gestellt: Bürgermeister werden! Und er hat sich vielen Parteien angeboten. Er begann als der Schüler eines jüdischen Oppositionskünstlers im Gemeinderat, ging zu den Liberalen, zu den Demokraten, und pries zu Schönerers Füßen die teutonische Heilslehre. Überall lehnte man ihn ab, von seinem stürmischen Ehrgeiz beunruhigt. Überall auch spürte sein Instinkt: diese Mühlen klappern zu wenig, mahlen zu langsam. Sein wienerischer Instinkt spürte: das wurzelt nicht! Liberaler Bildungseifer, demokratische Aufklärung und Unzufriedenheit, alldeutsche Wotansideale … das wurzelt hier nicht, das schlägt nicht ein! Er aber brauchte etwas, das breite Wurzeln fassen konnte, brauchte etwas, das wie der Donner einschlug. Damit er Bürgermeister werden könne. Niemand begriff damals, warum sein heißes Streben nach einem so bescheidenen Ziele ging. Er hat nachher gezeigt, wie es gemeint war.

Wichtig ist, auch für den Roman, sein Äußeres: Eine glänzende Bühnenerscheinung; die beste, die es für das Rollenfach des Demagogen gibt. Hochgewachsen, breitschultrig, nicht dick, aber doch behaglich genug, und man wird das Wort »stattlich« kaum vermeiden können, wenn man ihn schildern will. Nimmt man sein Antlitz noch dazu, dann wird vieles begreiflich. Für ein Wesen, das so ganz auf Äußerlichkeit gestellt ist, gilt solch ein Aussehen schon als Prädestination, als Beruf, als Erfolgsbürgschaft.

Dieses Gesicht erscheint vollkommen bieder. Einfache, aus der knappen Stirn zurückfallende Haare, die sanft gelockt sind. Kleine Augen, die vergnügt und schwärmerisch, naiv und sentimental wirken. Ein außerordentlich solider Vollbart, der am Kinn nach dem Geschmack der Vororte geteilt ist; und mitten in diesem würdigen, bürgerlichen, ruhigen Antlitz die nette kleine Nase. Diese Nase, die wie eine aus der Bubenzeit stehengebliebene Keckheit aussieht. Man kann es gar nicht anders sagen: bieder, rechtschaffen, treuherzig, wacker. Lauter solche Worte fallen einem ein, wenn man sein Gesicht erblickt. Aus der Ferne. Denn alle Wirkung dieser Physiognomie ist gleichsam auf Distanz berechnet. In der Nähe redet dann schon eine trotzige Rauflust, die nicht ohne Tücke scheint, von dieser schmalen Stirne. In der Nähe zeigt sich der leicht schielende Doppelblick dieser kleinen listigen Augen, aus denen eine hurtige Verschlagenheit blitzschnelle, zwinkernde Umschau hält. Da zeigt sich, vom soliden, wackern Bart verborgen, ein spöttischer Mund, der hinter der Ehrlichkeit grauer Haare schadenfroh zu lächeln vermag. In der Nähe erst wird es sichtbar, welch ein unruhig flackernder Schimmer von Schlauheit und Verstellung dies Antlitz überbreitet, das auf Ansichtskarten schön ist.

Mit dieser lockenden Vorstadtpracht tritt er auf. Im Wien der achtziger und neunziger Jahre, in welchem die Vorstädte gerade anfangen, mächtig zu werden. Eine lauwarme, trübe, unentschlossene Zeit. Die bürgerlichen Parteien im Zerfall und in totaler Ratlosigkeit; nachlässig geleitet von ausrangierten Lieblingen, von alten Komödianten einer überlebten Politik. In der Tiefe des Volkes greift die Sozialdemokratie um sich. Die breite Masse der Kleinbürger aber irrt führerlos blökend wie eine verwaiste Herde durch die Versammlungslokale. Und alle sind von der österreichischen Selbstkritik, von der Skepsis, von der österreichischen Selbstironie bis zur Verzagtheit niedergedrückt.

Da kommt dieser Mann und schlachtet – weil ihm sonst alle anderen Künste mißlangen – vor der aufheulenden Menge einen Juden. Auf der Rednertribüne schlachtet er ihn mit Worten, sticht ihn mit Worten tot, reißt ihn in Fetzen, schleudert ihn dem Volk als Opfer hin. Es ist seine erste monarchisch-klerikale Tat: Der allgemeinen Unzufriedenheit den Weg in die Judengassen weisen; dort mag sie sich austoben. Ein Gewitter muß diese verdorbene Luft von Wien reinigen. Er läßt das Donnerwetter über die Juden niedergehen. Und man atmet auf.

Allein er nimmt auch noch die Verzagtheit von den Wienern. Man hat sie bisher gescholten. Er lobt sie. Man hat Respekt von ihnen verlangt. Er entbindet sie jeglichen Respektes. Man hat ihnen gesagt, nur die Gebildeten sollen regieren. Er zeigt, wie schlecht die Gebildeten das Regieren verstehen. Er, ein Gebildeter, ein Doktor, ein Advokat, zerfetzt die Ärzte, zerreißt die Advokaten, beschimpft die Professoren, verspottet die Wissenschaft; er gibt alles preis, was die Menge einschüchtert und beengt, er schleudert es hin, trampelt lachend darauf herum, und die Schuster, die Schneider, die Kutscher, die Gemüsekrämer, die Budiker jauchzen, rasen, glauben das Zeitalter sei angebrochen, das da verheißen ward mit den Worten: selig sind die Armen am Geiste. Er bestätigt die Wiener Unterschicht in allen ihren Eigenschaften, in ihrer geistigen Bedürfnislosigkeit, in ihrem Mißtrauen gegen die Bildung, in ihrem Weindusel, in ihrer Liebe zu Gassenhauern, in ihrem Festhalten am Altmodischen, in ihrer übermütigen Selbstgefälligkeit; und sie rasen, sie rasen vor Wonne, wenn er zu ihnen spricht.

Aber wie spricht er auch zu ihnen. Das Dröhnen ihres Beifalls löst erst alle seine Gaben. Beinahe genial ist es, wie er sich da seine Argumente zusammenholt. Gleich einem Manne, der in der Rage nach dem nächsten greift, nach einem Zaunstecken, Zündstein, Briefbeschwerer, um damit loszudreschen, greift er, um dreinzuschmettern, nach Schlagworten aus vergangenen Zeiten und bläst ihnen mit dem heißen Dampf seines Atems neue Jugend ein, rafft weggeworfenen Gedankenkehricht zusammen, bückt sich nach abgehetzten, müd am Weg niedergebrochenen Banalitäten, peitscht sie auf, daß sie im Blitzlicht seiner Leidenschaft mit dem alarmierenden Glanz des Niegehörten wirken. In dem rasenden Anlauf, dessen sein Temperament fähig ist, überrennt er Vernunftgründe und Beweise, stampft große Bedeutungen wie kleine Hindernisse in den Boden, schleudert dann wieder mit einem Wort Nichtigkeiten so steil empor, daß sie wie die höchsten Gipfel der Dinge erscheinen. Im Furor seiner Rednerstunde gerät der Mutterwitz, der sein Wesen durchdringt, ins Sieden und wirft Blasen, in denen alles wie toll, alles verkehrt und lächerlich erscheint. Einfälle sprudeln hervor, in deren Wirbel frappierende, unglaubliche und verführerische Gedanken funkeln, sich drehen und überschlagen. In seinem Rednerfuror, wenn ihm schon alles egal ist, fängt er freilich auch den Schimpf der Straße ein, reißt den Niederen und Geistesarmen alberne Sprüche des Aberglaubens vom Munde, schnappt selbst den Pfaffen die Effekte weg, die auf der Kanzel längst versagen wollten – aber er siegt mit alledem. Schlägt zu damit und trifft und wirkt. Oft schon hat er seine entsetzten, überrumpelten Gegner vor sich hergejagt – wie sich nachher gezeigt hat – mit einem Eselskinnbacken. Dieses ist seine Macht über das Volk von Wien: daß alle Typen dieses Volkes aus seinem Munde sprechen, der Fiaker und der Schusterbub, der Veteranenhauptmann, der gute Advokat, die Frau Sopherl und der Armenvater. Und alle Volkssänger mit dazu. Vom Guschelbauer an bis zum Schmitter. Man hört die Schrammelmusik aus der Melodie seines Wortes, das picksüße Hölzel und die Winsel, hört das Händepaschen und ein jauchzendes Estam-tam klingt in seiner Stimme beständig an.

Ein Kapitel aus dem Roman dieses Lebens: Wie er in der Fronleichnamsprozession dem Baldachin vorausschreitet. Als

Vizebürgermeister; vor zwölf Jahren etwa. Er ist zum Bürgermeister erwählt worden, aber der Kaiser hat die Wahl verworfen. Dreimal ist er gewählt worden, dreimal hat der Kaiser nein gesagt. Lueger wartet und begnügt sich derweil mit dem zweiten Platz. Jetzt geht er in der Fronleichnamsprozession vor dem Baldachin einher. Die Glocken läuten, die Kirchenfahnen wehen, und das brausende Rufen der Menge empfängt den geliebten Mann, der nach allen Seiten dankt, grüßt, lächelt. Er freut sich. Denn der Kaiser, der dem Baldachin folgt, muß den tausendstimmigen Donner hören. Auf dem ganzen Weg rauscht dieser Jubelschrei vor dem Kaiser einher, dieses jauchzende Brüllen, das einem andern gilt. Franz Josef hat ein feines, eifersüchtiges Ohr für die Stimme der Wiener. Er hat Erzherzoge von hier entfernt, wenn sie gar zu populär wurden, hat einen Minister, dem zufällig einmal ein paar halblaute Hochrufe beschieden wurden, aufgefordert, sich zu rechtfertigen, hat den Grafen Badeni im Stiche gelassen, weil er die Wiener Straße gegen die Hofburg verstimmte. Franz Josef weiß, die Wiener lieben ihn; er weiß, sein kaiserliches Wort übt allmächtige Wirkung. Aber diesen da konnte er nicht verdrängen, auch nicht, nachdem er's dreimal sagte. Das erlebt der Kaiser jetzt. Der Mann da vorne im Zuge gibt's ihm zu kosten. Als ob er nur im Gefolge dieses Mannes einherginge, wandelt der Kaiser mit der Prozession. Vor sich das Aufrauschen der Ovationen, um sich her Stille. Es war Luegers Triumphzug.

Die Glocken läuten und die Kirchenfahnen flattern jetzt auf allen Wegen, die Lueger geht. Wie ein gewaltiger Heerbann ziehen die Pfaffen hinter ihm drein. Seit vielen Jahren haben sie den bürgerlichen Condottiere entbehrt, der ihnen die breite Masse erobert. So einer hat ihnen gefehlt. Sie haben innerlich jubelnd den Liberalismus verrecken sehen, der sich einst unterfangen wollte, die Kuttenherrschaft in Österreich zu zerbrechen. Das Land lag wieder frei vor ihnen, fiel ihnen wieder zu, aber sie brauchten einen Mann, der in das neueroberte Gebiet fröhlichen Einmarsch hielt, der die Kirchenfahnen wieder flattern ließ. Dies Volk ist immer gerne fromm und katholisch gewesen. Aber die Frömmigkeit war eine Zeitlang außer Mode. Lueger hat sie wieder in Flor gebracht und ließ die Glocken läuten. Ließ die Glocken läuten und sagte: ich spucke auf die Aufklärung und auf die Wissenschaft. Das war endlich ihr Mann. Von allen Kanzeln herab und in allen Beichtstühlen halfen sie nun seiner Sache, schlossen ihm die Pforten zu allen Fürstenschlössern auf, schafften ihm Eingang in alle Bauernhütten. Wie hoch sie einen Menschen heben können, wenn sie wollen, hat er erprobt. Und hat auch dem Kaiser nur damals, an jenem Fronleichnamstage trotzig gezeigt, wer von nun an dem Wind und dem Wetter befiehlt, in der Stadt, in der die Hofburg steht. Nur dieses eine Mal. Am Ziele angelangt, nahm er die schwarzgelbe Gesinnung in städtische Obhut, nahm die Kaisertreue in städtische Verwaltung, nahm die Volkshymne in städtische Regie.

Erst als er am Ziele war, merkte man, daß es wirklich ein Ziel sein konnte, Bürgermeister von Wien zu werden. Man merkte, daß wirklich ein Gedanke in diesem Manne nach Ausdruck gerungen hat, nicht bloß der Gedanke an den eigenen Erfolg; daß er von einem Traum erfüllt war, nicht bloß von dem Traum des eigenen Aufstiegs: Wien! All dies andere vorher war nur ein Mittel gewesen. Er hätte jedes beliebige Mittel angewendet, selbst ein edles, wenn es nützlich gewesen wäre. Freilich aber hätte er keines so mühelos, so voll aus seinem Wesen heraus, so ganz aus seinen Instinkten gebrauchen können wie diese Taktik und Technik des Gassenhauers, des »mir san mir«! Und nun hat er Wien aufgerichtet als eine Art von Königtum mitten in Österreich. Dutzendweise wurden die kleinen Ortschaften, welche Wien umgürteten, von dem großen Gemeinwesen verschlungen. Das ist jetzt, vom Marchfeld bis zur Sophienalpe, nur mehr eine einzige Stadt: Wien. Und in dieser Stadt ein einziges Haupt: Lueger, der Bürgermeister. Er nahm die Straßenbahnen, die Gaswerke, das elektrische Licht, die Leichenbestattung, die Spitäler. Wasser und Feuer, Leben und Tod gehört seiner Stadt. All dies lag freilich in der Entwicklung, hätte auch unter einer andern Verwaltung so kommen müssen. Aber er nahm diese Dinge, unter lauten pathetischen Proklamationen, er nahm sie wie man eroberte Provinzen einnimmt, und er schuf aus all diesen Besitztümern neue Werkzeuge seiner Macht. Wo die Straßenbahn hingeführt wird, das elektrische Licht, die Wasserleitung, da steigen in den entlegensten Gegenden die Bodenpreise, hebt sich der Wohlstand. Treue Bezirke können belohnt, unsichere gekirrt, treulose bestraft werden. Die Stadt, die so viele Betriebe in ihrer Hand hält, herrscht über eine Armee von Dienern, Arbeitern, Beamten, Lehrern, Ärzten und Professoren, herrscht durch tausendfach verknüpfte Interessen weithin über die Gesinnungen, und allen ist der Bürgermeister, von dem sie abhängen, wie ein Monarch.

Er arbeitet denn auch mit einer vollkommen monarchischen Technik. Sein Bild ist überall. In den Amtslokalen, in den Schulzimmern, in den Wirtshäusern, in den Theaterfoyers, in den Schaufenstern. Sein Antlitz ist den Wienern beständig so gegenwärtig und eingeprägt, wie das Antlitz des Kaisers. Seine Ausfahrt ebenso feierlich, wie die eines Monarchen, und nur noch Franz Josef selbst wird in den Straßen ebenso gegrüßt wie der Bürgermeister Lueger. Wie auf den Staatsgebäuden der Name des Kaisers steht, so wird auf allen Bauten, in allen Gärten, die von der Stadt errichtet wurden, der Name Lueger hingeschrieben und eingemeißelt. In hundert Inschriften liest man es überall: »Erbaut unter dem Bürgermeister Dr. Karl Lueger.« Und wie dem Kaiser das »Gott erhalte ...« entgegenschallt, so empfängt den Bürgermeister überall seine offizielle Hymne: »Hoch Lueger, er soll leben ...« Wer städtische Dienste nimmt, muß Luegertreu sein, so wie jeder Staatsdiener zur Kaisertreue verpflichtet ist. Er hat das so eingerichtet, hat sich um den Widerspruch der Machtlosen, hat sich um das Recht der freien Meinung, die das Staatsgrundgesetz gewährleistet, nicht gekümmert und einen Fahneneid eingeführt für alle, die im Rathaus Broterwerb suchen. Ein monarchisches Talent, das vorher gröhlend durch alle Tiefen des Pöbels geschritten ist, im Bierdunst der Versammlungen die Massenpsychologie studiert und den Menschenfang allmählich bis zur Meisterschaft gebracht hat. Dennoch, nur ein Bürgermeister. Aber was hat er aus seiner Rolle gemacht! Wie Mitterwurzer einst, als er im »Don Carlos« den Philipp gab, das Stück umkehrte und alle Welt zur Verwunderung zwang. Gegen Carlos und Posa war dieser Philipp nie aufgekommen, er galt für so wichtig nicht, nicht für so begehrenswert und dankbar. Und jetzt auf einmal war Philipp die Hauptsache, war Mittelpunkt und Held des Stückes. Die vorigen Bürgermeister sind nur brave Ensemblespieler gewesen gegen den jetzigen. Der aber hat die Kunst der Auffassung. So wie er seine Rolle anschaut, wie er die Bedeutung seines Amtes begreift, hat er es ganz neu entdeckt; fast möchte man sagen, neu kreiert. Niemals ist der Bürgermeister von Wien so viel gewesen wie heute. Neben dem Landesherrn, der Herr der Stadt.

Ein anderes Kapitel aus dem Roman dieses Lebens: Wie dreimalhunderttausend sozialdemokratische Arbeiter gegen seinen Willen über die Ringstraße ziehen; wie sie das allgemeine, gleiche und direkte Wahlrecht erzwingen; wie der alternde Bürgermeister im Pomp des Rathauses sitzend dies Brausen der Volksmenge vernimmt; wie eine Ahnung ihn ergreift, daß nun eine neue Zeit heranbricht, eine neue Zeit, die er nur aufhalten, nur für eine kurze Weile verzögern aber nicht hindern konnte. Sie wird erbarmungslos die Dämme niederreißen, die er aufgerichtet hat; sie wird ihn zu den Komödianten von vorgestern werfen und ihn erledigen. Wie jetzt eine Ahnung ihn ergreift, daß da draußen ein Gegner sich emporrichtet, langsam und furchtbar, ein Feind, dem er sich nicht mehr entgegenzuwerfen vermag. Wie der Zorn von einst und die Rauflust von früher noch einmal in ihm schwellen und wie er spürt, daß ihm die Kräfte langsam entschwinden, spürt, daß er nicht mehr aufrecht, nicht mehr sicher und schwindelfrei genug sein wird, wenn auch an seine Tür plötzlich die Jugend pocht, wie an die Tür des Baumeisters Solneß.

Und noch ein Kapitel: Wie er jetzt weißhaarig, matt, erblindet und zitternd, von zwei Nonnen geführt, einherwankt, mit Orden bedeckt, ... Exzellenz ... auf dem Gipfel ... und niedergebrochen. Den letzten Rest der im Kampfe aufgebrauchten Gesundheit im Rausch der Siegesfeste vergeudet. Vorzeitig zu Boden geschleudert, unfähig die Ernte zu genießen. Neidisch auf alle, denen er emporgeholfen und die nun in der Fülle der Macht schwelgen. Wie er langsam zum ewig greinenden, mißlaunigen, scheltenden Alten sich wandelt, dem die Treuesten nur noch aus Pietät lauschen. Wie er fühlt, daß sie von ihm abrücken, heimlich schon über ihn lächeln, die Achseln zucken; und wie er dann manchmal zeigen möchte, daß er noch derselbe ist, wie er längst abgenützte Künste wieder spielen läßt, wie er mit gebrochener Stimme wieder schmettern und donnern möchte, und wie ihn dann die Weihrauchdämpfe mitleidiger Schmeichler benebeln und beschwichtigen. Das letzte Kapitel: wie diese Flamme eines Wiener Temperamentes im blassen Schimmer der Ordensterne, im kindischen Glanz von Auszeichnungen und Titeln verlöscht.

Dieser Roman wäre zu schreiben. Die Gestalt eines Menschen zu zeichnen, in dem sich der Wille einer Epoche erfüllt hat. Jetzt freilich muß man noch warten. Bis es sichtbar wird, was nach ihm kommt, bis die Jahre, die seinem Dasein folgen, die richtige Distanz und die richtige Perspektive geben. Dann mag es geschehen, daß irgend jemand nach diesem Manne greift und den Roman seines Lebens, den man schnell vergessen wird, wenn er zu Ende ist, zu einem unvergeßlichen Kunstwerk formt.

GIRARDI-KAINZ

Sie betonen es, daß gerade diese beiden vortrefflichen Schauspieler dem wienerischen Theater unentbehrlich sein müßten, weil sie unter den wenigen bedeutenden Persönlichkeiten, die sich hier etwa vorfinden, die stärksten Österreicher seien. Ich würde hinzufügen: die letzten, wenn es nicht übertrieben wäre, dergleichen von irgendeinem Menschenexemplar zu behaupten. Aber für uns sind sie bei alledem die letzten; wir werden schwerlich noch andere sehen und wir vermissen sie sehr.

Sie weisen mich darauf hin, daß diese beiden Schauspieler einander verwandt, ja oft frappierend ähnlich sind. Dies sei Ihnen vorher nie so deutlich geworden als eben jetzt, da Kainz und Girardi gleichzeitig in Berlin wirken. Bei uns ist es, wie natürlich, oft bemerkt und besprochen worden. Manches ist ihnen gemeinsam. Wie Männer, die gewohnt sind zu befehlen, fast überall diesen unbeirrten ruhigen Ausdruck des Blickes, diese geborgene, schwere Sicherheit des Tones in der Stimme haben, so haben diese beiden in ihren Gebärden, in ihrem Gehen über die Bühne, in der unbedingten Freiheit ihrer Schultern das Glück früher und beinahe müheloser Erfolge. Sie waren gleich von Anfang an berühmt, sind es schon von Jugend auf. Sie stehen jahrzehntelang unter der erfrischenden Dusche des Beifalls. Dann ist da noch in beiden auf dem Grunde ihres Wesens ein beständig mitschwingendes Jauchzen, und das ist ihre Verwandtschaft. Sie sind beide so sehr voneinander verschieden, ganze Welten liegen zwischen ihnen; allein wie Brüder oft voneinander verschieden und durch Weltenfernen in ihrem Charakter voneinander getrennt sein können, und dennoch mit einem Lächeln, mit einem Zucken der Lippen sich als Geschwister offenbaren, so offenbaren sich diese beiden mit ihrem Jauchzen als Brüder. Denn es ist ein österreichisches Jauchzen; es stammt aus demselben Klima, es ist von derselben Sonne und von demselben Dialekt gebräunt. Auch ist ihr Zugreifen dasselbe. Sie wissen ja, was ich damit meine: ihre Art eine Sache anzugehen, einer Empfindung, einem Konflikt gegenüber zu treten, sich einer Aufgabe zu bemächtigen, kurz, es ist derselbe Handgriff.

Man hat Ihnen gesagt, daß Girardi der typische Ausdruck des Wienertums sei, die leibhaftige Verkörperung der wienerischen Art, der wienerischen Echtheit. Es ist so oft gesagt worden, hat so oft in den Zeitungen gestanden, daß es vielleicht wahr ist. Trotzdem vermochte ich niemals den Gedanken abzuweisen, warum man einen glänzenden Orientmaler dann nicht auch einen typischen Orientalen nennt. Oder weshalb wir dann zum Beispiel Lafcadio Hearn nicht als einen vollendeten Japaner erklären. Hat doch der eine alle Farben und feinsten Lufttöne des Morgenlandes gegeben, der andere die seelische Verstecktheit Japans erhellt. Nur weil der Maler so sichtbar von seinem Werk zu trennen ist? Und weil wir zu genau wissen, daß Hearn ein Anglo-Amerikaner war?

Auch Ihnen erscheint Girardi als der echte Wiener. Aber Sie haben gewiß schon bemerkt, wie sonderbar und wie irreführend das national und landschaftlich Echte auf fremder Erde wirkt. Eine spanische Tänzerin scheint uns absolut ganz Spanien auszudrücken; ein tartarischer Sänger absolut die Welt des Kaukasus. Unsere Vorstellung von Spanien findet sich in irgendeinem Hüftenrhythmus der Tänzerin plötzlich bestätigt, unser Phantasiebild vom Kaukasus glüht bei irgendeinem Kehllaut des Sängers unversehens auf, und wir rufen: echt! Wir rufen es mit Entzücken und verfehlen dabei – fast regelmäßig – gerade diejenigen Dinge, die ein Spanier oder ein Tartar mit vertrauten Instinkten als echt empfinden würde.

Girardi trägt viel Wienerisches in sich. Von den feinsten wienerischen Stoffen wie von den allgemeinsten hat er den Extrakt in sich gesogen; viele wienerische Elemente sind in ihm zu Essenzen verdichtet. Wenn er spricht, hören wir aus seiner Stimme die Urlaute des Volkes, wenn er singt, aus seiner Fröhlichkeit jenes niederösterreichisch-jauchzende Johlen trunkener Rekruten, das im Frühling und im Herbst immer durch unsere Straßen hallt. Im Aufschnalzen eines Wortes klingt die schnippische Anmut Wiener Vorstadtmädchen, und wenn die Leute von Girardi reden, schleppen sie auch sofort alle Wiener Typen zum Vergleich heran; den Fiaker, den Deutschmeister, den Zahlkellner, den Sportbaron. Aber das Wienertum, das er gibt, ist im Grunde nicht das wirkliche, sondern es ist ein Wienertum, das er ganz allein erfunden hat. Wir spüren immer »Wien« bei ihm. Nur wenn er uns nicht völlig umnebelt, spüren wir zugleich auch: er macht etwas ganz anderes daraus, etwas, das neben dem Wienerischen ist. Etwas, das vielleicht darüber ist, wie schließlich alle Kunst über dem Wirklichen, alle Dichtung über dem Wahren; aber etwas, das eine besondere Kontur hat; keine wienerische. Es ist eine halbechte, eine unwahre, doch in ihrer Unwahrheit eine entzückend mögliche und hinreißend eigenartige Kontur. Dieses Wienertum, das Girardi gibt, hat vorher nicht existiert. Seit er es ersonnen hat, wird es nachgeahmt. Die Leute haben im Theater von ihm gelernt, wie man wienerisch ist und haben es nachher kopiert. Hunderte seiner Einfälle, seiner plötzlichen Ideen vom Wienertum laufen jetzt verwirklicht und lebendig umher.

Wie sollte ein Mann, der so stark ist, daß er uns alle glauben macht, seine persönliche Art sei die unsere, sei unser Spiegel und Abklatsch; sein eigenes, durchaus einziges Wesen sei der Inbegriff und die Verkörperung unserer Wesenheit, – wie sollte ein solcher Mann nicht auch bei Ihnen als der definitive Ausdruck des Wieners gelten? In dem gewissen landläufigen Sinn ist er ja schließlich ein Vertreter Wiens, wenn man diese Bezeichnung nur in ihrer flüchtigen, zeitungsmäßigen Bedeutung anwendet, in der sie sonst gebraucht wird, um einen Künstler rasch mit dem Poststempel zu versehen. Aber nehmen Sie nur einmal seine eckige Gestalt, in der nichts Sanftes und Gleitendes sich rundet, in der nur die ungeheure Energie eines Marschrhythmus schleudert und schlenkert, und Sie werden sogleich sehen, daß eine ganze, in ihrer innersten Natur wienerische Welt sich in diesem Künstler gar nicht oder nur vermittels besonderer Transponierungen ausdrückt. Er hat jahrzehntelang Walzer von Johann Strauß gesungen; siegreich und hinreißend hat er sie gesungen, aber sie mußten erst durch ihn zu Girardi-Couplets werden, und sie waren – wenn er sie sang – eben keine Walzer von Johann Strauß. Wenn man nur die Texte anschaut, die eigens für ihn diesen Walzern unterlegt wurden, kann man das sogar jetzt noch nachprüfen. Denn alle diese Texte widerstreben in ihrem Witz, in ihrer karikaturistischen Schärfe, in ihrer harten Ironie, der weichen Seele des Wiener Walzers. Alle diese Texte sind den Walzern aufgezwungen, gehen ihnen gegen die Natur. Aber die Farbe seiner Persönlichkeit ist so sprühend, so durchdringend und so vorleuchtend, daß es fast unbemerkt geblieben ist, was ein Straußscher Walzer bei Girardi wurde, daß es fast unbemerkt geblieben ist, wie sehr diesem Manne selbst ein wienerisches Grundelement fehlt: das innere Tanzen. Und fast unbemerkt ist es geblieben, wie er das Wesen dieser Stadt überfärbt und verändert und umgebildet hat.

Man könnte es etwa damit erklären, daß die enorme schauspielerische Kraft Girardis, der es beinahe immer an wirklichen Rollen fehlte, solchem Mangel abgeholfen hat, indem sie sich der ganzen Stadt als einer Girardi-Rolle bemächtigte, sie immer wieder studierte, ihren reichen Inhalt immer wieder erlebte, und sie dann immer wieder als Girardi-Rolle spielte. Zuletzt war denn auch jeder zweite junge Herr, den man auf der Straße traf, jeder Fiakerkutscher, jeder Briefbote, jeder Spießbürger eine Girardi-Rolle. Eine Zeitlang lief halb Wien herum und spielte Girardi, und wußte nicht, daß es damit sich selbst aufgab, daß es auf seine eigene Echtheit verzichtete, und an deren Stelle die besondere Echtheit eines einzelnen annahm. Seine Wirkung ist bis auf den heutigen Tag so umklammernd, daß selbst der Wiener Dialekt Girardi-Worte mitführt, die es früher nicht gegeben hat, die niemals auf dem Wiener Boden wachsen könnten, die keine Wurzeln in der wienerischen Sprache besitzen, die aber jetzt als selbständige Schöpfungen in der Wiener Mundart leben. Dabei sind es Verzerrungen; denn er kann gelegentlich über irgendein Wort herfallen, kann es mit einem Hieb zum Krüppel schlagen, kann es zerquetschen und zerkneten und ihm zugleich damit ein ganz neues, überwältigend komisches Gesicht geben. Eine Zeitlang hat halb Wien in solchen Ausdrücken geredet, und Sie werden zugeben, daß dies keinen Wiener Dialekt, sondern eher einen Girardi-Jargon vorstellt. Man könnte sagen, vieles, was Girardi tut, ist Wien, aber vieles, was Wien tut, ist Girardi. Unsere Stadt ist sein ganzes künstlerisches Erlebnis. Unendlich viele feine und grobe Reflexe der wienerischen Art funkeln in ihm. Unendlich viele Nuancen des wienerischen Wesens, zarte und derbe, drücken sich in ihm aus. Aber wenn Sie den Begriff Wien als ein Ganzes nehmen, zu dessen Bestandteilen auch Schubert und Kriehuber und Grillparzer und Schwindt und Fischer von Erlach und Makart gehören, dann werden Sie finden, daß Girardi weder der Spiegel noch der Ausdruck des Wienertums ist; nicht der Wiener, sondern unter wenigen erlesenen Wienern: Auch einer.

Daß man bei den erbärmlichsten Possenfiguren, die er darstellt, oft wie von ferne den Atem wirklicher Tragik spürt, daß die Puppen bei ihm gleichsam transparent werden, und der Zuschauer durch sie hindurch in tiefe Menschlichkeiten blickt, daß man immer wieder, wenn man Girardi in einer elenden Schwankrolle begegnet, überzeugt ist, er könne auch klassische Meisterrollen spielen, möchte ich so hoch nicht anschlagen. Was wäre denn auch ein Humor ohne diese dunkeln Untertöne? Was wäre uns ein Komiker ohne diese Durchblicke ins Menschliche? Ich weiß nicht, ob wir über ihn lachen wollten, aber ich bin sicher, daß wir nicht über ihn reden würden. Vielleicht ist der Zug ins Klassische in irgendeiner Epoche Girardis näher und stärker gewesen; vielleicht haben wir da für die Kunst des großen Stiles einen Verlust zu beklagen. Ich glaube nicht sehr daran. Das heißt, ich glaube wohl an die objektive Gabe Girardis, in dieser Kunst ein Hohes zu leisten, aber ich bezweifle sein dauerndes Bedürfnis danach.

Dieses dauernde und leidenschaftliche Bedürfnis, über sich selbst hinweg zu Höherem, und auf höheren Gipfeln wieder zu sich selbst zu gelangen, lebt in Kainz. Ich bezeichne damit keinen Unterschied der Werte, sondern nur die verschiedenen Wege, die Kainz und Girardi gewandelt sind. Beide von demselben Punkt ausgehend, dieser immer durch Wien, allein durch Wien, und auf den allernächsten Straßen immer wieder zum eigenen Ich; jener durch aller Herren Länder. Girardi, indem er alles zum Werkzeug seiner Persönlichkeit macht, alles in den Dienst der angeborenen Art zwingt; Kainz, indem er sich als ein Instrument darbringt und allen Geistern dient, die ihn entzücken.

Es gibt keinen anderen deutschen Schauspieler, der wie Kainz den Romanen so nahe wäre, der Beredsamkeit des romanischen Temperaments, der musikalischen Anmut und der tänzerischen Biegsamkeit. Ich weiß nicht, wo ich diese wunderbare österreichisch-italienische Mischung heute im sichtbaren Leben fände, um sie Ihnen als Beispiel anzubieten, aber ich erinnere Sie an manche Paläste in Wien und in Salzburg, die von italienischen Baumeistern errichtet, und nachher von Canaletto gemalt wurden, und deren Linien in geheimnisvoller Harmonie alles aussprechen, was wienerisch, und zugleich alles, was über das Heimatliche hinaus italisch, südlich und sonnig ist.

Es gibt auch keinen anderen Schauspieler als ihn, der sich zu einem solch vollendeten Instrument der Dichter gebildet hätte. Gebildet an seinem knabenhaft schmalen, in allen Gelenken jugendlich behenden Leib, an seinem schlagfertigen, feinhörigen Geist und an allen seinen Mitteln des Ausdrucks. Keiner ist ein solcher Meister der köstlich bewußten, durchgearbeiteten, der besiegten und zu etwas Unwillkürlichem gewordenen Technik. Es ist mir keiner gegenwärtig wie er, der die Geheimnisse der Technik so ergründet, keiner, der ihre Mühseligkeit so überwunden hätte. Und gewiß besteht das tiefste Wesen der Kunst nur darin, die Geheimnisse der Technik zu entziffern, das edelste Wesen der Kunst darin, die Mühsal des Technischen in Leichtigkeit zu verwandeln, seine Hindernisse in Stützen, seine lastende Schwere in ein Mittel zum Vogelflug. Es ist mir immer wunderlich, wenn ich einen Schriftsteller abfällig Wortkünstler nennen höre, einen Schauspieler Sprechkünstler; denn was soll ein Schriftsteller sein, wenn er nicht ein Künstler am Worte, und was ein Schauspieler, wenn er nicht ein Meister des Sprechens ist? Es erscheint mir immer wunderlich, wenn einer es niederschreibt, dieses oder jenes sei nicht zu schildern, sei nicht auszudrücken, und nicht zu nennen. Denn worin besteht nun sonst in der Welt seine Aufgabe und sein Daseinsrecht wenn er ein Schriftsteller sein will, als eben darin, daß er verpflichtet ist, zu schildern, was sich nicht schildern läßt, verpflichtet, auszudrücken, was dem Ausdruck gerne sich entzieht, verpflichtet, zu nennen, was mit gewöhnlichen Benennungen nicht ergriffen werden kann? Die Gabe, irgend etwas Künstlerisches zu vollbringen, ist doch in uns nicht wie das Wasser im Schoß eines Brunnens, daß man nur den Hahn aufzudrehen braucht, um es immerzu laufen zu lassen. Wie viele aber tun nur eben dieses, – gerade bei den Schriftstellern und Schauspielern –, lassen rinnen und strömen, was in ihnen ist, wie es die Gnade des Augenblicks just gewährt, stehen dabei und verehren andächtig das Walten des Gottes, den sie in sich glauben. Wie viele saloppe, von Verlogenheit, von Faulheit und von sorglosem Hochmut zurechtgekleisterte Mache tritt uns in der Kunst feierlich und anspruchsvoll als »Arbeit« entgegen.

Wenn Sie aber erwägen, wie viele erlauchte Kräfte der Seele und des Verstandes angestrafft werden müssen, wie viele edle Kräfte des Körpers, wenn Sie erwägen, mit welcher Gewalt sich ein Mensch immerfort zusammenfassen muß, damit er fähig werde eine Technik zu erwerben, und wie tief er in sein eigenes Selbst muß schauen können, damit er *seine* Technik erringe, dann werden Sie gerne verstehen, daß es vor allem die Arbeit ist, die mich an Kainz bezaubert. Diese wunderbar funktionierende Arbeit voll jeder Lust an der schwersten Bravour. Dieser Schauspieler besitzt sich selbst in jedem Augenblick. Sein ganzer feiner, komplizierter Organismus gehört und gehorcht seiner Arbeit und er beherrscht ihn so, daß sein Künstlerwesen keinen Augenblick in jene demütigende Abhängigkeit gerät, welche die Schwachen Stimmung nennen. Er hat ihn so vollkommen entwickelt, daß es keine ungenützten Reste, keine versäumten und verschleuderten und verlorenen Möglichkeiten bei ihm gibt.

Manchmal läßt er diesen Organismus sozusagen leer laufen, läßt diese brillant funktionierende Technik einfach absurren. Sie haben ihn ja selbst schon an solchen Abenden gesehen, und Sie werden den Zustand, in dem er sich da befindet, gewiß nicht mit jenem verwechseln, den ich oben Stimmung genannt habe. Es ist, als zöge er sich gleichsam aus seiner Arbeit zurück, als nehme er ihr sein Seelisches. Aber es ist kein Erliegen, kein Gelähmtsein, welches den Künstler unter sein Wollen, unter seine Aufgabe wirft und ihn am Schaffen hindert. Vielmehr ist es ein innerliches bewußtes Sichabwenden von einer längst gelösten Aufgabe; vielmehr ist es das unwillkürliche Abfallen des Schöpfers von seinem vollendeten Werk.

An solchen Abenden, aber manchmal auch in Augenblicken des Glanzes, manchmal auch an dem von plötzlicher Gleichgültigkeit wie gehöhlten und berstenden Klang seiner unermeßlich reichen Stimme ist es zu spüren, daß dieser Schauspieler, der an der äußersten Grenze des Meisterlichen steht, anfängt, über seine Kunst hinweg zu leben, daß es ihn über die Grenzen seines Berufes hinwegzieht, über diese Grenze hinaus bangt – irgendwohin. Er ist so hart bis an den Rand jeglicher Erfüllung gestiegen, daß er sich manchmal schon von der Dämonie des Vergeblichen angehaucht fühlt. Diese Existenz jenseits aller erlebten Reife ist die subtile Tragik seiner Gegenwart und das Problem seiner Zukunft.

MENAGERIE IN SCHÖNBRUNN

Vor wenigen Jahren gab es fünf oder sechs junge Bären in Schönbrunn. Herzige kleine Dinger, die in ihrem frischen Wollpelz aussahen, als trügen sie zu weite Hosen. Alle schienen sie, mit ihren fröhlichen Ohren, mit den weichen, hilflosen und doch so geschickten Bewegungen, und mit den listig schmunzelnden Schnauzen wie geborene Komiker. Man hatte die ganze Gesellschaft in einen Zwinger gesteckt; da spielten sie, rauften miteinander, kugelten und balgten sich. Es war die richtige Kinderstube. Wie dann die Leute anfingen, sie zu füttern, wurden die kleinen Bären gewerbsmäßige Bettler; saßen beständig nebeneinander am Gitter, jammerten und stöhnten, als müßten sie Hungers sterben, wenn sich von den Vorübergehenden niemand ihrer erbarmte. Und je mehr Zulauf sie hatten, desto herzbrechender wurden die Klagen, die sie anhoben. Noch mit dem Bissen im Maul fuhren sie fort zu wimmern, daß die Mildtätigkeit nur ja nicht erlahme und keiner denke, so vieler Kummer sei mit geringem Almosen gestillt. Durch ihren Erfolg verlockt, begannen die japanischen Bären gegenüber ein Konkurrenzgeschäft und stimmten ein originelles Flennen an, das geradezu Aufsehen erregte. Es war ein ganz dünnes, zimpferliches Weinen, tremolierend, atemlos, und boshaft, wie von jemandem, der friert und der sich ärgert. Aber dieses Ehepaar hatte auf die Dauer kein Glück, denn es war ein düsteres Familiengemälde, das sich hier bot. Der Mann, ein ausgemachter Heuchler, schlug seine Frau in aller Wehmut, so oft sie einen Brocken erhaschte. Wimmernd und wehklagend mißhandelte er seine Gefährtin und nahm gerührt alles für sich allein.

Dann kam ein Wolf in die Menagerie. Der saß eines Tages hinter Schloß und Riegel und festen Eisenstäben und war sehr unglücklich. Denn er war ein Wolf, der einst bessere Tage gesehen hatte. In seiner Jugend war er irgendwo bei einer guten Frau wie der Hund im Haus behandelt worden. Das ist enorm viel für einen Wolf, und er konnte der glücklichen Zeit nicht vergessen. Die Behörde war eingeschritten, und in ihrer unerschöpflichen Weisheit hatte sie entdeckt, ein Wolf sei ein reißendes Tier. Also vertilgen oder ihn vorschriftsmäßig unterbringen. All seine Sanftheit half nichts; es half nicht, daß er gehorsam auf jeden Ruf herbeigelaufen kam, nicht, daß er mit bestrickender Liebenswürdigkeit wedelte, nicht, daß er – an gekochtes Futter gewöhnt – das blutige Fleisch verschmähte, es half nicht, daß er sich streicheln ließ und zärtlich die Hand zu lecken verstand; er wurde als reißendes Tier eingesperrt. Es war einfach ein Justizmord. Dazu gab man ihm einen ungezähmten Gefährten. Offenbar um einen ordentlichen Wolf aus ihm zu machen. Er blieb sanft. Er duldete die Bisse und Schläge seines Zellengenossen und konnte nur weinen. Der Kaiser hat ihn einmal auf einem

Morgenspaziergang jammern gehört, fand ihn blutig und hilflos und befahl, daß der gute Wolf vom bösen befreit werde.

Dann gab es einen weißen großen Kakadu in Schönbrunn, der ein Simulant war. Hatte er Zuschauer, begann er sofort mit seiner Komödie. Er besaß eine kunstvolle Art, langsam und mit vielen Umständen seine Kette um Hals und Kopf zu winden und sie außerdem an der Kletterstange zu verwickeln, so daß es den Anschein hatte, als habe er sich unversehens stranguliert. Hing er endlich in der selbstgedrehten Schlinge, dann erhob er mit einemmal ein gottsjämmerliches Schreien und Kreischen, schlug mit den Flügeln, als stünde sein qualvolles Ende bevor. Immer saß irgendwer diesen gellenden Hilferufen auf und lief nach dem Wärter. Die Zurückgebliebenen bedachten indessen erregt, ob der arme Vogel wohl so lange noch leben könne. Wenn er aber merkte, daß nun die Spannung ihren Gipfel erreicht habe, oder wenn ihm jemand beistehen wollte, zog er plötzlich den Kopf aus der verschlungenen Kette, schwang sich auf seine Sprosse und schaute ganz still und ruhig umher, als sei nichts geschehen.

Dann gab es einen Löwen, der sich gemütlich ans Gitter preßte und sich die Mähne krauen ließ. Nach einer Weile aber fuhr er mit erschrecklichem Fauchen herum, schlug mit den Tatzen nach dem freundlichen Wärter und benahm sich so recht als ein großer Herr, der treue Dienste mit grausamer Undankbarkeit lohnt.

Früher bin ich alle Tage in den Schönbrunner Garten gegangen und am liebsten bei den Tieren gewesen. Die vielen großen und kleinen Tragödien, die sich hier abspielen, all die lustigen Zwischenfälle, die drolligen Episoden, diese verschiedenartigen Äußerungen und Anzeigen einer zwar deutlich wahrnehmbaren, für uns aber unverständlichen und geheimnisvollen Vernunft können stundenlang aufregen oder erheitern. Jetzt sind die Bären erwachsen, und nur ein einziger kleiner Kerl wohnt in der Kinderstube von damals. Die japanische Konkurrenz hat sich beruhigt und führt ein ziemlich friedliches Dasein. Der arme Wolf wird immer noch nicht müde, seine Unschuld zu beteuern; begrüßt jeden mit demütiger Gebärde und sitzt den ganzen Tag mit sehnsüchtigen Augen da. Heute wissen ja alle, daß er zahm, lieb und ungefährlich ist. Trotzdem muß er hinter Gitterstäben bleiben; nur weil er ein Wolf ist. Aus keiner anderen Ursache. Und so mancher bissige Hund läuft frei umher, wird geachtet und geehrt. Aber wer kann eingewurzelte Vorurteile besiegen? Da gibt es denn nichts Verfehlteres im Leben als einen Wolf, der mit den Wölfen nicht heulen will.

Der Kakadu ist noch derselbe Schwindler und foppt die Leute, so oft es ihm gefällt. Dem Löwen aber hat man, wie es scheint, seine Herrenlaunen abgewöhnt. Geduckt sind alle diese Tiere durch ihre lange Gefangenschaft.

Ihnen allen ist die Menschenfurcht von den Mienen zu lesen. Aber verändert sind sie in ihrem Wesen nicht. Manchmal revoltieren sie, und solche Augenblicke, in denen ihre wirkliche Natur hervorbricht, sind von einer wunderbaren Gewalt.

An sommerstillen Abenden, wenn die Löwen unruhig in ihrem Käfig umherlaufen oder stehen bleiben, das Haupt tief herabgesenkt, aufmerksam witternd; wenn der Königstiger sich erhebt und die ungenützte Kraft in seinen Flanken zittert; und wenn sie dann alle ihr Gebrüll beginnen, das wie ein schmerzliches Stöhnen und Blasen sich anhört, dann fallen die anderen Tiere ein, und dann ist es ein mächtiger Chor der Gefangenen. Und es ist von einem sonderbaren Reiz, die Stimmen aller Länder und Zonen hier auf einem einzigen Platz zu vernehmen. Die Löwen der afrikanischen Wüste, die Tiger aus den Dschungeln Indiens, den Schrei der Pardelkatzen aus Brasilien, das Brummen der nordamerikanischen Bären, die wilden Trompetenstöße der Elefanten, tropisches und arktisches Getier, als ob sie aus allen Weltteilen ihre erbitterten Klagen erheben wollten gegen eine drückende, ungerechte und quälende Herrschaft.

Versöhnlicher hört sich das in der großen Volière an, in diesem hellen, belebten Saal, in dem die Vogelstimmen aus allen Wäldern der Erde ineinanderklingen. Von einer beständigen, fröhlichen Musik ist das freundliche Gelaß erfüllt. Tausendfache Melodien tausendfach ineinander verschlungen, Töne von einer märchenhaften Reinheit, ein Gesang von so schallendem Jubel, daß man sich von linder, tröstlicher Heiterkeit unwiderstehlich ergriffen fühlt. Staunend betrachtet man hier die wundersamsten Launen der schaffenden Natur. Winzige Vögel, die in der Farbenglut ihres Gefieders aussehen wie lebendiges Geschmeide. Prunkvolle, majestätische Tiere wieder mit richtigen Kronen auf dem stolzen Haupt; Tiere von heraldischer Würde, und dann wieder tolle, groteske Einfälle, Karikaturen, beschämte Existenzen, äußerste Plumpheit und himmliche Anmut; märchenhaft holde Gebilde und höhnische Verzerrungen, und beinahe mit frommen Gedanken findet man sich einer Kraft gegenüber, die mit sorglosem Gleichmut solch höchste Vollendung der Schönheit und so erbärmlich mißlungene Versuche nebeneinander bietet. Merkwürdige Vögel lernt man hier kennen, mit lyrisch-zärtlichen Namen wie die Diamant-Amandine; mit Namen aus Tausendundeiner Nacht, wie den Vogel Bülbül, von dem manche Leute glauben, daß er gar nicht existiert. Hier hüpft er gar zierlich in seinem Bauer umher und ist der Nachbar des echten Pirol. Gegenüber jedoch wohnt einer, der wie eine kleine gelbe Krähe aussieht. Gelb mit schwarzen Kopfflecken, schwarzen Schwingenfedern. Er hat ein scheues, schweigsames Wesen und heißt: Der schwefelgelbe Tyrann.

In der Volière wird der Zwang, den die gefangenen Tiere erleiden, am wenigsten kenntlich. Aber draußen, die Adler und Geier, die in ihren Käfigen sitzen und mit kummervollen Augen ins Weite schauen, die ihre Schwingen breiten und sie wieder langsam, gleich als ob sie seufzen würden, zusammenfalten, die sehen wirklich aus wie gefesselte Helden, und sie können einen manchmal arg verstimmen. Ein Kind sagte neulich: »Ich weiß jetzt, Vater, wie die Adler aussehen, und du kannst sie schon wieder fliegen lassen.« Wir wissen auch, wie Löwen und Tiger aussehen, und lassen sie doch nicht laufen. Aber das ist, abgesehen vom Schaden, den sie stiften würden, eher zu begreifen. Denn die Menschen empfinden es als einen Reiz, gebändigte Wildheit zu beschauen, gefesselte Riesen anzugaffen und an wehrlos gemachter Kraft sich zu weiden. Jeder hat schon bei sich, vor dem Zwinger, erwogen, »was der Löwe tun würde«, wenn man ihn plötzlich freiließe. Ich hab' mich niemals dazu vermocht, ihm was Schlimmes zuzutrauen, ob ich gleich all die blutigen Dinge, die ihm nachgesagt werden, nicht im mindesten bezweifle. So oft ich ihn aber sehe, erscheint er mir sanft, anmutig, harmlos und besser als sein Ruf. Selbst wenn er brüllt, sieht er nicht wild aus, sondern eher, als sei ihm bedenklich übel. Und im übrigen ist der Löwe in unserem Bewußtsein schon mehr ein Klischee geworden als ein lebendiges Wesen, eine Art dekoratives Gebilde, das ein jeder von allen möglichen Wappen her kennt, von Brücken und Denkmälern, so daß man glauben möchte, er werde in den Menagerien nur gehalten, damit er seine Existenz beweise. Sicherlich denken die Leute in Afrika anders darüber ... Nur im Königstiger läßt sich der Feind erkennen. Doch wenn er in seiner engen Zelle die prachtvollen Glieder zum Sprung reckt, wenn er die verlangenden Körperkräfte an den Eisenwänden verrast, dann fühlt man Mitleid mit ihm und wünschte, diese Tiere, in denen der Trieb nach Freiheit nimmer schläft, möchten wenigstens in ein größeres Gehege gebracht werden. Es ist eine alte und, wie ich glaube, falsche Menagerietradition, die Raubtiere so eng als möglich zu halten und den Rindern, den Schafen und anderem gutmütigen, an den Stall gewöhnten Zeug weiten Spielraum zu lassen. Würde man Löwen, Tiger, Leoparden, Bären und Füchse in große Gehäuse bringen, wir könnten ihren Anblick zehnfach genießen und ein Schauspiel der herrlichsten Bewegungen würde sich entfalten.

Der gleiche Brauch bewährt sich ja im Affenhaus, vor dem die großen und die kleinen Kinder sich amüsieren. Im Grunde aber ist es doch ein recht melancholischer Spaß, den man mit diesen kränklichen, boshaften und lächerlich menschengleichen Geschöpfen hat. Wie gehässige, misanthropisch ausgesonnene Karikaturen, wie gespenstische Zerrbilder und böse Träume wirken sie auf die Dauer. Es ist, wenn man einen Affen betrachtet, als habe ein Mensch durch Krankheit oder durch verruchten Zauber den Gebrauch seiner Gaben verloren, als falle er in den tierischen Urstand zurück. Und während alle Schamlosigkeiten des Körpers die Übermacht gewinnen, quält er sich ab, diesem Jammer zu entwischen, bleibt mit menschlichen Mienen und tierischen Gebärden an der fürchterlichen

Grenze zwischen Mensch und Vieh. Diese Versuche, die ihn uns wieder nähern sollen, wirken wie fast alle Vergeblichkeiten aufs erste freilich komisch. Die Leute möchten vor Lachen rasend werden, wenn so ein kleiner Mandrill einen Spiegel in die Hand kriegt und sich über das Wunder nicht zu fassen weiß. Und das Amüsement kennt keine Schranken, wenn ein Affe all das nachzuahmen sucht, was ihm einer aus dem Publikum vorzeigt. Da wirkt der tiefe Ernst solcher Bemühungen und ihre Fruchtlosigkeit lächerlich. Aber wer einmal nur einen kranken Affen gesehen, wer diesen flehenden, kummervollen Menschenblick geschaut hat, diese dunkeln, klugen Augen, die in Tränen schwimmen, diese vergrämten, greisenhaften und so verzweifelt kinderähnlichen Züge, der wird ein atavistisches Grauen bei ihnen nicht mehr los. In Wirklichkeit possierlich sind nur jene Tiere, die man ohne Befangenheit betrachten kann. Tiere, von denen uns weite Distanzen und Zwischenstufen trennen. Ein Drahtgitter aber ist noch keine ausreichende Scheidewand. Und es dient beim Affenhaus nur dazu, gelegentliche Verwechslungen und Irrtümer hintanzuhalten.

———————————

MAUERBACH

Am Laudonpark vorbei führt die schöne, sanft ansteigende Waldstaße nach Mauerbach. Gleich an ihrem Anfang steht das alte Laudonschloß mitten in einem stillen dunkeln Weiher. Man soll hier nicht vorbei, ohne diesen ruhevollen Herrensitz zu betrachten. Ein wenig neidisch wird man freilich, wenn man da so um die Mauern streicht und zu den hohen Fenstern emporblickt und dabei sich ausmalt, wie ganz wunderbar es sein muß, so mit allem Luxus und behaglicher Vornehmheit eingebettet sein inmitten des Waldes, umbuscht und umgrünt von einem Getümmel blühenden Strauchwerks und himmelragender Bäume. Auf dem stillen Weiher ziehen lichte Schwäne ihre Bahn, hellgrün belaubte Weiden lassen ihre Zweige in das Wasser niedersinken, und die Quadern des Schlosses spiegeln sich darin. Es ist ein Bau im Stil der Maria Theresienzeit. Anmutig und feierlich, und mit einem Zug ins Heroische. Daß man erst über eine steinerne Brücke gehen muß, um an das Tor zu gelangen, gibt dem Schloß das Aussehen einer Veste. So bauten die großen Soldaten vergangener Epochen. Immer, auch wenn sie sich zur Ruhe setzen, tun sie, als ob sie sich verschanzen wollten.

Der Feldmarschall Laudon ist in Weidlingau noch sehr populär. Seine Nachkommen leben in dem schönen Schloß, das er ihnen hinterließ. Er selbst aber liegt draußen im Walde begraben. Neulich habe ich ihn sogar mitten durch die Hauptstraße reiten sehen, umgeben von seinem Stabe, im weißen Waffenrock, das Goldene Vließ auf der Brust und hinterher ein Schwarm türkischer Gefangener. Voran kamen zwei Herolde in altdeutscher Tracht. Und auf seinem Zuge ließ sich der Generalfeldmarschall photographieren. Das Ganze war ein Sängerfest, und der Mummenschanz nahm sich auf sonniger Straße hübsch genug aus. Namentlich der Feldmarschall Laudon, von einem schlanken jungen Mann mit Würde dargestellt, erschien hier wie ein alter Bekannter. Er glich aufs Haar dem Laudon auf dem Wirtshausschild, was für beide, für den gemalten wie für den kostümierten Generalissimus, als ein voller Beweis ihrer historischen Echtheit gelten darf.

An diesem festlichen Tage fuhr ich, dem etwas langwierigen und lauten Männergesang zu entwischen, wieder einmal die Straße nach Mauerbach. Dort draußen kann man ja auch Sonntags im Freien sich ergehen, der frischen Luft genießen, ohne allzuvielen Menschen zu begegnen. Der große Schwarm hält sich eben dicht an der Bahnstrecke, und in dieses friedliche Seitental kommen nur wenige.

Ein schmaler weißer Streifen, zieht die Waldstraße durch die schöne grüne Welt. Berge ringsumher, sanfte, freundliche Berge, einer zärtlich immer an den anderen gelehnt. Und breite, fröhliche Wiesenflächen, auf denen einsame Erlen ihre Äste breiten. Hier und da eine alleinstehende Eiche, die aussieht, als sei sie mit den anderen Bäumen verfeindet und halte sich nun trotzig abseits von ihnen. Oder ein paar zarte junge Birken mitten auf einer Wiese, als sei es ihnen im Walde zu langweilig geworden, und als wollten sie nur eben ein bißchen spazierengehen. Und der weiße Wegstreifen vor dir läuft immerzu ins Grüne hinein, bergauf, bergab, wie unsere Sehnsucht, die sommerlich ins Freie strebt.

Man blickt zurück und findet sich völlig eingeschlossen von der Lieblichkeit der Wienerwald-Landschaft, in der so viel Eichendorffsche Stimmung ruht. O Täler weit, o Höhen! Wie nah ist man hier doch der Stadt, oder wie fern von ihr? Man weiß es nicht. Es können viele, viele Meilen sein, so still ist es da, und so unberührt ist die Flur. Nicht einmal der Wind trägt das lärmende Wanderlied der Eisenbahnzüge bis hierher. Nur Amselrufe, Finkenschlag und Lerchengesang, und das helle Zirpen der Grillen, das von den Wiesen aufsteigt wie der tönend gewordene Atem der blühenden Erde. Lange wird dieser Frieden nicht mehr dauern. Dann kommt die Bahn. Die »Wienerwald«-Bahn, wie man sie heute schon nennt, die von Hütteldorf über Judenau nach Tulln-Herzogenburg führen soll. Dann wird auch das jungfräuliche, wenig besiedelte Mauerbachtal, das jetzt so hübsch außer der Welt liegt, von Lärm und Unrast und Neugier erfüllt sein. Schlag' noch einmal die Bogen um mich, du grünes Zelt!

Dann freilich wird auch das kleine Mauerbach für die sogenannten weitesten Kreise entdeckt werden. Und man wird finden, daß es ein seltsamer und sehenswerter Ort ist. Maler werden hierher kommen und das alte Karthäuserkloster malen, und die Pfründner, die jetzt darinnen wohnen, wird man auf Bildern sehen, die den Armenhausbildern von Gotthard Kuehl gleichen werden. Und man wird bemerken, daß Mauerbach geradeso schön ist, wie die vielgerühmte Beguinage in Brügge, und ebenso vom Zauber einer wunderbaren, wehmütig lieblichen Stimmung übergossen, wie die stillen Stätten verrastender Greise in Holland.

Schon der abschüssige Dorfplatz in Mauerbach ist von einer merkwürdigen Schönheit. Die große uralte Linde, die in seiner Mitte steht, und das tief gelegene, farbige Portal, das den Eingang zur Karthause bildet. Verwachsene Fresken zieren den kühnen Steinbogen dieses Durchlasses, der eine Vedute auf den weiten Vorhof eröffnet. Es ist wie der Eingang zu einer Burg. Hinter dem vergitterten Fenster, das wie ein einziges Auge aus dem verwitterten Gemäuer blickt, mag einmal der Torwart ausgespäht haben. Jetzt sitzen die alten Frauen und Männer hier in der Sonne, oder rings um die Linde, oder sie kauern am Zaun der kleinen Vorgärten und schauen die

Straße hinunter, die aus dem Gewühl des Lebens hierher zu ihrer Einsamkeit führt.

Über den weiten Vorhof, in dem die Hühner und Gänse ihre Prozessionen halten, kommt man zum Kloster. Ein Wassergraben, durch den der Mauerbach rinnt, wehrt den Zugang und erinnert wieder an eine Festung. Weiter unten steht auch ein runder, spitzbedachter verwitterter Turm mit kleinen Schießscharten. Die Karthäuser mögen sich gegen alle Zufälle vorgesehen haben. Denn es war eben doch nicht ganz gemütlich hier, mitten im Wald, vor vier- oder fünfhundert Jahren, und die »Wienerwaldbahn« ruhte damals noch tiefer im Zeitenschoße als jetzt. Die Pfründner natürlich haben dem Bollwerk eine andere Bestimmung anphantasiert. Sie nennen ihn den Hungerturm und behaupten, man habe sündige Mönche da hineingesperrt und sie elend darin versterben lassen, und natürlich gibt es einige, die wissen wollen, daß es in dem alten Turm spuke.

Durch schöne breite Gänge spaziert man in dem Kloster umher. Kreuzgänge, in denen es angenehm kühl ist, in denen die Schritte auf den Steinfliesen hallen, und wo das geschnitzte Holzwerk an den Türrahmen nachgedunkelt und tiefbraun geworden ist. Schlafsaal – Krankensaal – liest man jetzt, wo früher Refektorium oder Bibliothek gewesen. Dann die Kirche. Sie ist klein, aber hoch, und hat einen prunkvollen Altar mit einem mächtigen Bild darüber; rechts und links zwei überlebensgroße, in Gold und reichen Farben prangende Holzstatuen. Hier ist auch das Grabmal Friedrichs des Schönen, der die Karthause einst gegründet hat. Draußen im Garten wird die Stelle gezeigt, an der Friedrich im Walde sich verirrte und das Gelöbnis tat, wenn Gott ihn aus der Wildnis führe, hier ein Kloster zu erbauen. Und Gott rettete den schönen jungen Herzog. Und der »bonus dux« wie die Grabschrift ihn nennt, hielt seinem Schöpfer, was er versprochen. Lange hat er in dieser Kirche geschlafen, hinter diesem roten Marmorstein, der heute noch sein Lob kündet. Als dann Josef II. das Kloster aufhob und zu einem Armenhaus verwandelte, wurde auch der Stifter von den Mönchen hinweggenommen und anderswo gebettet. Ich glaube, zu St. Stephan in Wien, oder im Stift zu Heiligenkreuz.

Die Kirche aber ward zu groß befunden für die Armenhäusler, und so führte man in der Mitte eine Mauer auf, ließ das vordere Hauptschiff als Kapelle bestehen und teilte die rückwärtige Hälfte in mehrere Stockwerke, so daß jetzt zwei Schlafsäle übereinander den Raum einnehmen, den früher das Orgelemporium hatte. In dem obersten Saale sind alte Frauen. Da ist es denn für sie beinahe wie im Himmel selbst, denn sie sehen durch die Fenster geradeaus in die Kirche herunter, können von ihrem Bette aus den Hochaltar erblicken, die Messe hören, und der sanft schütternde Klang der Orgel dringt bis herauf in ihre Stube. Wenn sie aber morgens die Augen aufschlagen, dann haben sie gleich eine ganze Engelsschar über ihrem Haupt. Weil nämlich die prächtige Kirchendecke mit ihren Gemälden und ihren Stuckverzierungen hier unversehrt geblieben, genießen sie diesen Luxus, der ja in Armenstuben selten und sonderbar genug ist. Wo aber die Wand an die Kirchendecke stößt, schneidet sie freilich recht unbekümmert die ganze Herrlichkeit entzwei. Und da fährt nun ein Engel zum Zimmer herein, der halben Leibes noch in der Kirche drüben steckt. Ein anderer wieder ist noch mit den Beinen hier innen, während er mit Kopf und Armen voran in die Kirche strebt, und nimmt sich aus, als sei er hier gefangen und eben mit allen Kräften bemüht, zu entschlüpfen.

Es ist ein merkwürdiger Raum, dieser Schlafsaal armer, alter Frauen, dessen Dielen Weichholz sind und dessen Plafond an fürstliche Prachtgemächer erinnert. Welch eine ergreifende Atmosphäre! Wie nah am Tode und am Ende aller Dinge fühlt man sich hier! Wie viel verbrauchtes Leben, vollendetes Schicksal, überstandene Sorge, wie viel Hoffnungslosigkeit und Trauer, müdgeweinte Enttäuschung, wie viel endgültiges, demütigendes Verzichten, wie viel Abschiedsschmerz atmet hier, wo die Menschen nichts mehr zu tun haben, als auf ihr Stündlein zu warten!

Da sitzen die alten Frauen vor den Fenstern und schauen in die Kirche hinunter, mit stillen, erloschenen Blicken, die so bewegungslos und so undurchdringlich sind. Oder sie hocken auf ihren Betten und verstricken den Sommertag, oder wirtschaften mit einem enormen Aufgebot selbsttäuschender Wichtigkeit in allerlei Kleinkram.

Wie das Alter ertragen wird, kann man hier merken auf Schritt und Tritt. Wie die einen gelassen sind und beschwichtigt, die anderen in beständiger Aufregung, andere verzweifelt, andere beschämt und verschüchtert, andere wieder fröhlich. Sie alle zusammen aber recht egoistisch und zur Verträglichkeit wenig geneigt. Dort geht ein Greis über den Hof, trägt stolz seine Medaillen und raucht lächelnd sein Pfeifchen. Zwei andere aber stoßen sich an, blicken ihm spöttisch nach und beschwatzen ihn. Oder eine alte Frau verläßt eine Gruppe. Sofort finden sich die übrigen zusammen, ziehen über sie los, so ungeniert, daß die Davongelaufene es noch hören muß. Aber sie ist es gewohnt, kümmert sich nicht darum und macht es offenbar, wenn es die Gelegenheit gibt, auch nicht anders.

Beruhigt sind die Menschen auch hier noch nicht. Das kommt doch wohl erst, wenn jeder für sich im Schrein liegt, wo niemand ihn sieht, und wo er niemanden mehr beobachten, beneiden und bereden kann. »Was man da alles hört …« sagt eine kleine alte Frau zu einem Greis, der ihr aufmerksam lauscht. »Gestern hat die Huber mit der Berger g'stritten, weil der Meyer ihr zurückg'sagt hat ...« Und ihr vergilbtes, kraftloses Gesicht leuchtet vor Vergnügen, so interessante Neuigkeiten zu berichten. Erstaunt betrachte ich sie, wie sie auf dem Platz unter der Linde stehen, alle beide ganz versunken in ihrem Gespräch. Ein paar Schritte weiter hinauf, und man überblickt die Karthause, wie sie eingebettet, im tiefen Wald, mitten in den Bergen hier einsam liegt. Da glaubt man, hier ist die Ruhe, und hier steht alles Leben und alles Geschehen stille. Und auf einmal sagt jemand: »Was man da alles hört!« In Mauerbach ...

DAS WIRTSHAUS VON ÖSTERREICH

Wir fahren zum Stelzer nach Rodaun. Durch den lang hingestreckten Lärm der Mariahilferstraße; durch diese Stromschnellen des Mittelstandes, der hier in hunderttausend Alltäglichkeiten uns umschäumt. Draußen bei den letzten Häusern ist es dann, als ob eine Türe plötzlich aufginge. Da öffnet sich das Land, da wird der Himmel weit; von ferne schimmern die Höhen des Wienerwaldes und durch die Luft weht der Atem des Mai. Seitab der Straße, jenseits der Wiesensenkung lächelt Schönbrunn zu uns herauf. Über das Schloß hinaus prangt die feierliche Anmut der Gloriette am Firmament. Wir fahren durch das stille, noble Hietzing. Blühende Gärten, Sommerpaläste aus den Tagen der Maria Theresia, Biedermeierhäuschen und blühende Gärten. Weiter hinaus durch Lainz und Speising, alte Bauerhütten und neue Cottagevillen. Wir fahren am Rosenhügel vorüber, dann hinunter in die kleine Ortschaft Mauer, dann noch eine enge gewundene Straße bergan, zwischen Gärten, in denen der Flieder duftet. Auf der Graskuppe droben rasten die Pferde ein wenig. Nun sind wir den Bergen nahe. Der Wind trägt den Laubgeruch der Wälder zu uns her. Vor uns in der Tiefe, an die ersten Hügel geschmiegt, weißblinkend das Dorf Rodaun.

Drunten, beim Stelzer eine wirr drängende Auffahrt. Fiaker, Equipagen, Automobile, Kutschierwagen. Beinahe wie vor dem Lusthaus im Prater oder vor dem Pavillon d'Armenonville im Bois de Boulogne. Dies ist nichts als ein altes Wirtshaus. Eine ländliche Diele, im Stil der Kaiser-Franz-Zeit wienerisch; ein paar behagliche altmodische Stuben, allerlei neuer Zubau an Veranden und Terrassen. Ein Garten, der den Hügel erklettert, daran das Haus sich lehnt. Dreißig Wirtschaften gibt es im Wienerwald, die schöner und lieblicher gelegen sind als diese hier. Die Gegend ist reizend, aber sie wird von dreißig anderen hier herum an Reiz übertroffen. Hier ist auch kein Ausgangspunkt, hier führt kein Weg zu populären Landpartien. Man kommt eben nur heraus, um beim Stelzer zu sein. Der ganze Garten schwirrt von eleganten Menschen. Alle sitzen da unter den blühenden Kastanienbäumen und trinken Kaffee, sitzen dann im oberen Garten und soupieren.

Kleine Buben in Uniform, von Vater und Mutter, von Schwestern und Tanten umgeben und umzärtelt, verschlingen gierig ihre Eisschokolade, ihre Erdbeercreme und Kuchen. Zehnjährige, zwölfjährige Buberln, fünfzehnjährige, sechzehnjährige Burschen. Sie sind ungefähr wie die Theresianisten angezogen. Österreichischer Offiziersrock, silberne Litzen am Kragen, österreichische Offizierskappen. Brave, saubere Gesichter, die manchmal die Züge bekannter Familien tragen. Der Kleine da mag ein Liechtenstein, der andere hier ein Auersperg sein, der hübsche Pagenkopf dort ein Taxis. Diese kleinen Buben werden nebenan in der Jesuitenschule erzogen. Fünfzig Schritte vom Stelzer liegt das Kalksburger Kloster, darin diese Kinder aufwachsen, die jetzt schon so offiziell und so österreichisch aussehen.

Kalksburg ... in dieser Küche wird der österreichische Geist zubereitet, wird gemischt und gewürzt, gedämpft und abgebrüht. In die Jesuitenschule gehen alle, die geboren sind, dieses Land zu regieren. Katholische Verhaltenheit, Kunst des Lavierens, innerliches Gebundensein, Technik der kleinen Lüge und der feingesponnenen Intrigen, Demut und Beschränktheit, Stolz und Gehorsam, Andacht, Aberglaube, Snobismus, Weisheit und Mißtrauen, Liebe zu allem Hergebrachten, Widerstand und Tücke gegen alles Neue, und noch viele andere Dinge werden hier in die Menschen gepflanzt, Dinge, die man bei uns sogleich begreift und erkennt, wenn man nur »Kalksburg« sagt. Hier wuchsen die Gegner Josefs des Zweiten auf, hier wurden die Minister des Kaisers Franz, die Diplomaten des Kaisers Ferdinand, die Ratgeber, Botschafter und Statthalter Franz Josefs erzogen. Von hier aus nahmen sie ihren Weg.

Und ihr erster Weg war immer zum Stelzer. Hier ward, in der Kalksburger Jesuitenschule, der staatsmännische Geist gebildet, der die Habsburger Monarchie vom Deutschen Reich löste, der nach Achtundvierzig die Reaktion verhängte, der auf den lombardischen Schlachtfeldern unser Blut vergoß, der gegen das protestantische Preußen trieb und uns zu Königgrätz brachte. Hier wird das pfaffenbeherrschte, christlich-soziale Österreich jetzt machtvoll wieder aufgerichtet. In dieser Waffenschmiede der Jesuiten wird unser Adel für Rom und seine Kirche gerüstet.

Aber wenn sie noch kleine Buben sind, und ihre Eltern herausgefahren kommen, um sie zu besuchen, dann werden sie zum Stelzer geführt. Es ist ihr erster Weg. Dann sitzen sie hier im Garten und essen Gefrorenes und haben liebe, saubere, brave Gesichter. Die Väter sitzen wohlwollend dabei, schauen zu, wie es den Kindern schmeckt, und denken der eigenen Jugend: Kalksburg, die Jesuitenschule, die Uniform und die Jause beim Stelzer. Diese kleinen Buben werden aufwachsen, werden dann zur Universität oder auf die Orientalische Akademie gehen, oder sie werden bei den Windischgrätz-Dragonern dienen. Dann werden sie mit ihrer ersten Geliebten, mit einem hübschen Ballettmädel, oder mit einer herzigen Choristin, oder mit einer französischen Varieteedame im Fiaker fahren. Über die Mariahilferstraße, am Schönbrunner Schloß vorbei, durch Hietzing und Mauer nach Rodaun, zum Stelzer. Sie werden irgendeiner Botschaft attachiert sein, in Buenos Aires oder in Peking, sie werden in die Statthalterei eintreten, bei irgendeiner Bezirkshauptmannschaft in der Provinz, oder sie werden in einem Ministerium arbeiten; und wenn sie dann im Frühling auf Urlaub nach Wien kommen, werden sie wieder im Fiaker zum Stelzer fahren. Sie werden irgendeine Prinzeß oder eine Komtesse heiraten und sich im Wonnemond, vor dem Derby jedenfalls, mit ihrer Frau beim Stelzer sehen lassen. Dann kriegen sie Kinder, die wieder nach Kalksburg zu den Jesuiten in die Schule müssen, und die kleinen Buben führt man dann wieder in den Gasthausgarten her, damit sie Gefrorenes essen zu ihrer Erholung vom Studium. Sie werden Hofräte und Sektionschefs und Generale und Leibgardekapitäns, und wenn man an linden Frühsommerabenden unter freiem Himmel »nachtmahlen« will, oder zum Kaffee ins Grüne fahren, dann ist es wieder zum Stelzer. Denn man ist konservativ und treu. Seinem Gott, seinem Kaiser, seinen Jesuiten, seinem gewohnten Weg und seinem Wirtshaus. Sie werden Minister und Exzellenzen und Statthalter und Gouverneure, halten die Schnüre der großen Politik in der Hand, haben feine und delikate Geschäfte auszuführen, mit fremden Diplomaten, mit irgendeinem Parlamentarier oder mit einem Börsenbaron; Angelegenheiten, die man vorerst ganz vertraulich, ganz privat behandeln muß und ganz gemütlich. Da gibt man solch einer Konferenz, in der manchmal das Schicksal Österreichs ein bißchen entschieden wird, den harmlosen Charakter eines Soupergespräches, den Anschein zufälliger Begegnung, und man plaudert beim Stelzer draußen in einem Gartenzelt, wenn's Sommer ist, oder in einer der behaglichen Altwiener Stuben, wenn ringsum der Schnee auf den Bergen liegt.

In diesen Stuben sind die Wände bedeckt mit Photographien. Prinzen und Prinzessinnen, ungarische Magnaten, polnische Schlachzizen, wienerische Geldfürsten, Theaterköniginnen, berühmte Tenoristen, populäre Komiker. Eine Galerie, die verschollenen Ruhm und versunkene Macht wieder ins Gedächtnis bringt, und Gesichter zeigt, die in den Sechziger- und Siebzigerjahren des vorigen Säkulums lebendig und bekannt gewesen; Gesichter, die heute lebendig und bekannt sind. Auf jedem Bild Unterschrift und Widmung an den Wirt. In diesen Stuben sind Geheimnisse der Monarchie besprochen worden, diese Wände haben den Klatsch der großen Gesellschaft gehört und das Flüstern galanter, vornehmer Abenteuer.

Der schmale Weg vom Kloster her hat die Leute zuerst zum Stelzer gebracht. Kloster und Wirtshaus, Kirche und Lustbarkeit, das ist eine uralte katholische Nachbarschaft. Mit den Adeligen sind die Kokotten gekommen, mit den Kokotten die reichen Bürgersöhne, die Sprößlinge der großen Bankhäuser; es kamen die Fabrikantenfamilien vom Grund, es kam die prunkvolle Finanzwelt, die Künstler kamen, das Theater, einfach alle.

In diesem Garten, der von Menschen schwirrt, ist ganz Österreich beisammen. Österreichs Vergangenheit, Gegenwart und Zukunft. Die Männer, die das Land regiert haben, die es regieren und die es einst regieren werden. Alle zusammen sind sie Schulkameraden von Kalksburg her. Das sitzt hier beieinander, jetzt, wie in den Tagen des Kronprinzen Rudolf, wie in den Tagen des Sechsundsechzigerkrieges, wie in den Jahren Radetzkys, wie im Vormärz, als Kaiser Ferdinand noch regierte. Das plaudert wie einst, sieht aus wie damals und denkt nicht viel anders, als man immer schon gedacht hat. Kennt sich untereinander, ist wie eine große Familie; und der Frühling duftet wie einst.

Wir fahren heim. In den Gärten singen die Amseln, über die jungen Saaten zuckt der Schwalbenflug dahin. Oben auf der Anhöhe liegt das kaiserliche Wien vor den berauschten Blicken. Dunst und Staub schwebt über der Stadt wie ein feiner hellgrauer Schleier, aus dem die Turmspitzen in der Abendsonne funkeln. Unübersehbar und mächtig ruht die Stadt in der Ebene, verschwindet am fernen Horizont, als breite sie sich über das ganze Land hin. Wir schauen zurück in das Tal, das wir verlassen, sehen die weiße Front des Klosters aus den Baumwipfeln des alten Parks schimmern, sehen Rodaun sich an den Fuß der Berge schmiegen. Dort unten haben wir den Extrakt dieser Heimatswelt geschaut, haben ihr Inhaltsverzeichnis gelesen, die Überschrift aller Kapitel ihrer Geschichte und ihrer Romane.

Und die Pferde traben.

MARIAZELL

Einmal muß man's gesehen haben, muß hinter den Bergen gewesen sein, bei Maria in Zell. Besonders aber wer nach dem tieferen Sinn der österreichischen Art und des österreichischen Schicksals trachtet. Dem mag es frommen, wenn er eines Tages den mühsamen Kreuzberg hinaufwandert, wo dann die üppige Kirche weiß auf grünem Hügel vor ihm daliegt, eingebettet im Rund der hohen steirischen Gipfel. Da wird ihm hernach vieles klar. Mariazell ... es ist der Schlüssel zu einer der innersten Kammern des österreichischen Herzens. Besser wird man in der Geschichte des Landes sich zurechtfinden, wird seine Gegenwart leichter entziffern, vielleicht auch in der Zukunft ein wenig lesen können, wenn man diese Luft geatmet hat, die vom Harzgeruch der Bergwälder erfüllt ist, vom Duft der Weihrauchwolken, vom Geläute der Glocken, vom Flattern der Kirchenfahnen und von den Lobgesängen wallfahrenden Volkes.

Hinter Mürzsteg, wo an den Tannenwald gelehnt das kleine Jagdschloß des Kaisers mit geschlossenen Fenstern schlummert, hinter Mürzsteg also beginnt die Jetztzeit, das Heute, das zwanzigste Jahrhundert, so langsam zu versinken. Und bis man in Mariazell ankommt, liegt es weit, weit zurück. Hinter Mürzsteg betritt man die schmale Straße, die mürzaufwärts durch die Felsschlucht sich windet. Man betritt sie auf eigene Verantwortung, denn das Forstärar lehnt es ausdrücklich ab, für die Wanderer und ihre Sicherheit zu haften. Aber die da des Weges ziehen, haben sich in einen höheren Schutz als in den eines k. k. Forstärars begeben, und hoffen auf ihrem Weg zu dem frommen Ziel vor Steinschlägen bewahrt zu bleiben. Und dieses Hoffen wird bestärkt, wenn sie beim »Toten Weib« die Votivtafel sehen, die hier daran erinnert, daß vor Jahren einmal unsere Kaiserin, hier spazieren reitend, in Gefahr sich befand, aus der sie unversehrt entronnen ist. Dem heiligen Georg, »equitum patronus«, hat sie hier ein Bild an die Wand heften lassen. Und die Erzherzogin Valerie hat ein langes Gedicht an den Beschützer der Reiter daruntergesetzt. Alle Leute lesen es, und ich hab' es auch gelesen, dieses Gedicht. Aber ich glaube nicht, daß es erlaubt ist, diese Verse zu kritisieren. Man wird sie wohl nur loben dürfen, weshalb wir denn auch weitergehen wollen.

Kurz vor Mariazell liest man vor einem kleinen Dorf die Tafel: »Evangelische Ortsgemeinde.« Dann weiter auf einem sauberen Hause: »Evangelische Schule.« Weiß Gott, durch welchen Zufall dies Häuflein Protestanten den Verfolgungen der Gegenreformation und dem Ausgetriebenwerden entging. Und man müßte hier wohl ein wenig länger bleiben, um zu sehen, wie sie auf ihrer winzigen lutherischen Insel hier leben und wie sie zu ihren anderen Landsleuten stehen: besonders aber diese zu ihnen.

Dann kommt der Kreuzberg, und dann ist man in Mariazell. Von dem grünen Wiesenhügel, auf dem die Ortschaft mit der Kirche liegt, kann man weit in die Runde sehen. Da kommen die weißen Straßen von überall her, von allen Seiten des Landes. Stürzen sich aus der Höhe herab zur Marienkirche, laufen aus den dunklen Wäldern schimmernd hervor, gehen durch die Taltiefe in Windungen immer näher heran, gürten den Hügel mit ihren weißen Bändern und ihrer beflissenen Wegsamkeit. Überall Pferdegetrappel, Wagenrollen, aus der Höhe, aus der Tiefe, Peitschenknall und Rufen. Besuche kommen, Besuche gehen. Die Sonne sank schon hinter den höchsten Spitzen, und in den Turmkreuzen erlosch das Blitzen ihres Lichtes, da kommt von weitem eine Prozession heran. Seidene Kirchenfahnen bauschen sich schwer im Abendwind. Rote Fahnen, blaue Fahnen, mit baumelnden Goldquasten, wehenden Bändern. Standarten der Frömmigkeit, hoch über den Häuptern der Wallfahrer hinschwankend. Nun sie der Kirche ansichtig werden, beginnen sie zu singen. Langhingezogene, feierliche Rhythmen. Tiefe Männerstimmen, darüber der dünne, etwas heulende Sopran der Weiber. Hier draußen im Freien bekommt der Gesang Luft und Weite, die frische Luft haucht ihm eine neue Schönheit an, etwa wie sie blassen Wangen höhere Farben anbläst. Dieser Wallfahrerzug, über den Teppich blumiger Wiesen schreitend, von der unendlichen Kulisse ragender Bergwälder sich abhebend mit seinen Fahnen und Bändern, tönend von einem Gesang, dessen Sehnsucht der Wind aufhebt und hoch im blaßblauen Dämmer in lauter Duft und Zartheit löst, wird nach und nach mehr, als er in seiner Einzelheit vorstellt. »Das sind die Floridsdorfer ...« sagt ein Kundiger neben mir. Aber in diesem Augenblick ist es Stimme und Gebärde eines ganzen Landes, des Landes, das vor uns sich breitet und das man jenseits all dieser Berge weiß; ist es Naturlaut und tiefster Herzensakzent dieses Bodens. Mögen es nachher immer die Floridsdorfer sein.

Die Glocken beginnen jetzt zu läuten. Als Willkomm dem grüßenden Lied, das die Wallfahrer ihren Schritten vorausschicken. Unter Glockengeläute folgt dann der Einzug. Glockenläuten, Gesang, Paukenwirbel, Fanfaren, Fahnenrauschen, Vaterunser. Und jeder Tag sieht solche Einzüge hier. Jeden Tag schreiten solche Prozessionen in feierlicher Musik durch die Straßen dieses Ortes. Es ist wie ein beständiges Sommerfest der Frömmigkeit, wie ein Permanenzdienst der Andacht. Eine unaufhörliche Frohfeier schwebt auf dieser Ortschaft, die sich üppig, in reichen, blinkenden Häusern um die Kirche schmiegt. Ein Seelenkurort, der mit lockenden Buden, mit Gasthöfen, mit gleißenden Kramläden in Blüte steht. An fünfunddreißigtausend Menschen kommen jahrüber nach Salzburg, an sechzigtausend nach Luzern, – um die gesuchtesten Städte zu nennen. Nach Mariazell kommen etwa hundertfünfzigtausend.

Das Läuten verstummt und das Singen. Betend gehen die Wallfahrer durch das breitgeöffnete Kirchentor ein. Im Lichterglanz schimmernd, flimmernd, strahlend, glänzend empfängt sie die hochgewölbte Kirche, empfängt sie das Marienbild auf dem silberstarrenden Altar; mit ihrem milden, melodischen Donner empfängt sie die Orgel, und hüllt sie völlig ein in die brausende Kraft ihrer Stimme. Schwergoldenen Brokat um die Schultern, empfängt sie der Priester, der vor dem Tisch des Herrn steht; Weihrauch dampft empor und strömt seinen Duft über sie hin. Und wegmüde, sehnsüchtige, vollkommen gebannte Menschen knien auf den steinernen Fliesen, Gesichter, in denen der Fanatismus zu brennen anfängt, Gesichter, auf denen tiefe Andacht geschrieben steht, Mienen, die in Bewunderung sich lösen, in unbedingter Hingabe, Gesichter, die stumpf sind und verschlossen, verriegelt für alles andere außer für die Überredung dieser Stunde. Und über alle spricht dann der Priester den Segen. Dominus vobiscum!

Draußen hat sich die Dunkelheit auf die Landschaft gesenkt. Draußen wartet, mit ihren aufstrahlenden Glühlichtern die weltliche Lustbarkeit des Ortes. Tische im Freien vor den hellbeleuchteten Gasthöfen. Die Buden hell beleuchtet, die Schaufenster der Läden, und ein italienisches Volkstreiben auf den Straßen. Wagen, die abfahren, Wagen, die kommen. Singende Bursche und Mädchen, Gaffer. Mittendurch, mit brennenden Kerzen und Lampions der »Lichtumzug« der Wallfahrer, wie ein freudiger Reigen. Später dann im Nachtlager der Armen, all derer, die kein Extrazimmer mieten können, und die auch die langen Massenschlafstuben zu teuer finden. Mit ihren Reisebündeln, die Kleider ein wenig nur gelöst, liegen sie auf der gestampften Erde im Freien, unter halb offenen Stadeln, Wagenschuppen, und der Nachtwind nimmt den Schlafdunst von ihnen. Dominus vobiscum.

Am andern Morgen das Hochamt; Sonntagmorgen. Die Kirche gedrängt voll, Marienbilder, von den Prozessionen hereingetragen, stehen vor dem silbernen Altar, die Fahnen der Wallfahrer. Nach der Messe predigt der Kaplan, der sie hergeführt hat. Warum sind die Katholiken immer so lustig, sagt er, und die Protestanten so traurig? Weil die Katholiken eine Mutter haben, die Muttergottes Maria, und die Protestanten nicht. Weil die Katholiken die Heiligen haben, ihre Schutzpatrone und Fürsprecher, und die Protestanten nicht. Und weil die Protestanten sich von seiner Mutter abgewendet haben, darum hat sich Jesus auch von ihnen abgewendet usw. Jetzt glaubt man sich's ein wenig vorstellen zu können, was für einen Stand die kleine evangelische Gemeinde in St. Aegyd bei Mariazell wohl haben mag.

Wie dann das Hochamt und die Predigt vorüber sind, kann man die Schatzkammer sehen. Ein hohes Gemach neben dem Orgel-Emporium birgt in großen Glasschränken, was eben an Juwelen, Perlen, Gold und Silber ausgelegt ward. Ein fabelhafter, gar nicht meßbarer Reichtum, der hier ruht. Man könnte unzählige Tränen damit trocknen, könnte ungeheures Elend in Wohlstand verwandeln, könnte eine kleine Provinz dafür kaufen. Ein Altarschrein aus massivem Silber nimmt die Mitte ein. Er ist von Maria Theresia gestiftet und trägt in tellergroßen, schweren Goldreliefs die Bildnisse ihrer ganzen Familie. Aus allerlei Opfergaben wurde eine Monstranz gemacht. Vierzehnhundert Edelsteine zieren sie. Nur noch zu Paris, in der Notredame-Sakristei, sah ich eine ähnliche. Sie war ganz aus weißen, funkelnden Brillanten, und man war geblendet, wenn man sie nur ansah. Unsere Kaiserin hat das Medaillon hierher gestiftet, das sie bei jenem Unfall in Mürzsteg trug. Rubinen und Brillanten. Auf Kaiser Ferdinand wurde in Baden einmal geschossen. Maria Anna ließ aus purem Gold ein Büschel Eichenblätter formen und die Kugel des Attentäters in die goldene Eichel kapseln. Außerdem gab sie eine Perlenschnur von einer wahrhaft kaiserlichen Pracht und Größe. Unzählbar sind die Perlenschnüre, die Brillantringe, die Broschen, Münzen, Orden, Korallen und andere Kostbarkeiten.

Oben auf den Galerien und Treppenhäusern, die rings um das Hauptschiff der Kirche führen, sind die Wände dicht mit Votivbildern behangen. Wunderbare Rettungen, wunderbare Heilkuren, aufgemalt zum Dank und Gedächtnis, und allen Zweiflern zur Schau. Da liegt ein abgezehrtes Kind im Bett, dort ein Vater am Verlöschen, hier eine Mutter in Todesnot. Die Angehörigen stehen verzweifelt im Kreise, und der Arzt in ihrer Mitte, achselzuckend, bedauernd, ratlos. Die Ärzte spielen überhaupt eine trübselige Rolle in dieser großen seltsamen Bildergalerie. Man kann faktisch alles Vertrauen zu ihnen verlieren.

Noch einmal schaut man in der Kirche unten zum Altar hin. Ein breites Gebäude aus leuchtendem Silber, dessen Front oben vom kaiserlichen Doppeladler gekrönt wird. In der Tiefe des Schreines, von ungewissem Kerzenschimmer überfunkelt, ein Marienbildnis. In seidene, goldgestickte Gewänder gehüllt. Oben in der Schatzkammer liegen noch mehr als hundert andere Kleider für das Heiligenbild, aus Brokat, aus Atlas, aus Sammet, mit Dukaten benäht, mit Silber und Perlen bestickt.

Draußen, im sommerlichen Sonntag, wird man von dem anmutigen Lächeln der Landschaft bezwungen. Schreitet den Hügel niederwärts, geht die Anhöhen zum Wald hinauf: überall sieht man die Kirche, sieht ihre drei stolzen Türme emporragen. Sie beherrscht das Land! Man schaut in dies Gewimmel von zahllosen Menschen, schaut auf die Wagen, die von allen Seiten heranrollen, auf das Treiben vor den Buden, und man versucht ein paar Namen zu denken, versucht sie laut auszusprechen, hier in dieser vom Duft des Weihrauchs, vom Geläute der Glocken erfüllten Luft: Friedrich Schiller … richtig, den hat ja ein strebernder österreichischer Geistesritter neulich im Wiener Rathaus zum Katholischen gemacht. Zum Ehrenbürger von Mariazell. Aber andere: Pasteur … Nietzsche … Oder: Ojama … Togo … oder Stendhal … Maupassant … Zola … Sie haben hier einen fremden Klang, wie von weither, aus fernen Ländern, die gar nicht an diese Landschaft grenzen. Namen aus dem neunzehnten Jahrhundert, das hier noch nicht, noch lange nicht angebrochen ist. Namen, die man aus einer Erinnerung holt, aus einem Bewußtsein, das selbst einzuschlummern beginnt, hier in Mariazell. Dort aber zieht am Saum des Waldes, eine neue Prozession heran. Seidene Kirchenfahnen, die sich bauschen, rote Fahnen, blaue Fahnen, mit baumelnden Goldquasten. Gesang und Glockengeläute. Nächstens aber kommt die Eisenbahn auch hierher, und die Massenzufuhr per Dampf, die sie in Lourdes jetzt eingestellt haben, lebt in Steiermark wieder auf. Dann wird man rascher noch als jetzt, und mit allem modernen Komfort aus der Jetztzeit, in die Vergangenheit hineinfahren können.

RADETZKY

In dem Namen ist eine große Kraft: Radetzky. Sein Klang hat etwas Couragiertes. Er tönt wie heller Trommelschlag, und eine Trompete schmettert dazu. Der Name ist unter uns wie ein lebendiges Wesen; scheint für sich allein ein eigenes Dasein zu führen. Der ihn getragen, der ihn berühmt gemacht, der ihm so viel Lebenslicht verliehen hat, ist nun ein halbes Jahrhundert tot.

Ein Feldherr. In weite Ferne rückt uns seine Gestalt. Alle Gestalten dieser Art sind uns in weite Fernen gerückt. Unsere Zeit kennt keine Feldherren. Vier Dezennien Friede, Aufwachsen und Absterben von Generationen, und keinen sahen wir, der durch den Dampf und Donner der Schlachtfelder seinen Willen trägt, der dann heimkehrt, in seinem Aug' den Glanz des Sieges, den dunklen Schein vergossenen Blutes, und um seinen Mund den eisernen Zug vollbrachter Taten. Wir haben solche Männer nicht erlebt. Da ist, in weiter Ferne, nur diese Gestalt, deren Menschliches fast schon zu zerfließen beginnt, sich in Volkslied und Dichtung auflöst, deren Leibhaftigkeit sich in ein Emblem wandelt, zum Motto wird, zum Ausruf, zum Feldzeichen.

Sein Menschliches ... »... ein kleiner Mann mit einem unbeschreiblich ruhigen, wohlwollenden Gesichtsausdruck.« Graf Schönfeld, der als Ordonnanzoffizier bei ihm war, schildert ihn so. Und wie aufmerksam man auch die Bildnisse, die von ihm da sind, betrachten mag, man findet nicht mehr. Ein altes Soldatenantlitz, gesammelt und ruhig. Ein österreichisches Gesicht, das unter dem Schimmer der Gemütlichkeit alles birgt, was an Härte, an Schwung oder Geist von anderen Mienen sonst zu lesen wäre. Man schaut dies einfache Greisenantlitz an und verklärt es in dem Gedanken an sein Schicksal. Die militärischen Gelehrten können seine Begabung messen, das, was sein Feldherrengenie war, was wir nicht verstehen, was wir als ein Gegebenes hinnehmen und nach dem Erfolg bewerten. Sein Menschenschicksal können wir erfassen, dieses ungewöhnliche, fast ungeheure Schicksal; können die Größe seiner Persönlichkeit verstehen, und den Zauber seines Wesens, der noch heute anhält.

Er kam als Krieger in eine kriegerische Welt. Das ist schon Schicksal. Wie es ja ein Schicksal ist, ein schlimmes freilich, als Krieger in eine friedsame Welt zu kommen. Auch unserem Zeitalter sind sicherlich Feldherrn geboren worden, Genies vielleicht. Warum sollen wir daran zweifeln? Sie wuchsen auf, wurden alt, starben, oder werden demnächst sterben, und niemand weiß von ihnen. Sie hätten glanzvolle Siege erfochten, aber da niemand kämpfte, konnten sie weder fechten noch siegen. Ihr Los war, in Bereitschaft sein und nicht verbraucht werden. Einen großen Schauspieler, der niemals spielen, einen genialen Maler, der niemals malen darf, können wir uns nicht denken. Aber einen großen Krieger, der niemals Krieg führen darf, müssen wir uns vorstellen können. Einen, der in sich die Fähigkeit weiß, unsterblich zu werden; und der seine Unsterblichkeit muß hindorren sehen.

Radetzky kam in eine Welt, die vom Waffenlärm klirrte. Er hat noch gegen den letzten Feind des alten Österreich gekämpft, gegen die Türken. Und er hat gegen den ersten Gegner des neuen Österreich Krieg geführt, gegen die Italiener. Er hat, als junger Offizier, den jähen Stoß des jungen Bonaparte erlebt, hat es miterlebt, wie der neuerstandene Franzosenfeldherr in Italien einbrach, die österreichische Armee überrannte, und er hat dann auf diesen selben Schlachtfeldern der Lombardei die österreichische Armee zum Siege geführt, lange, lange, nachdem das Napoleon-Märchen verrauscht und verblaßt war.

Es wird erzählt, Radetzky sei im Zeichen des Schützen zur Welt gekommen. War's eine Vorbedeutung, dann hat sie sich wunderbar erfüllt. Denn kaum ein anderer ist vom Schicksal so aufgespart worden wie er. Sein Ruhm beginnt, wo das Leben der meisten Menschen längst zu Ende ist; seine größten Taten heben erst an, wo das Tun anderer Menschen längst kraftlos geworden. Er hat siebzehn Feldzüge mitgemacht, wurde in vielen Schlachten verwundet, hat mit einer Tapferkeit gefochten, die selbst in den tapferen, an Bravour so reichen Napoleon-Jahren Aufsehen erregte. Aber wäre er damals gefallen, nur die Regimentsgeschichte hätte seinen Namen bewahrt. Er hat in den dreißig Friedensjahren, die auf Waterloo folgten, den österreichischen Truppendienst reformiert, daß Russen und Preußen daran ein Muster nahmen. Aber wäre er als ein Achtzigjähriger gestorben, nur die Kriegswissenschaft hätte ihn gekannt.

Mit dreiundsechzig Jahren geht er als Kommandant nach Olmütz, glaubt sein Lebensabend sei nun angebrochen, meint, daß er dem wohlverdienten Ruhestand sich nähere. Und ist drei Jahre später in Mailand. Wird dort siebzig und achtzig Jahre alt. Und wie dann die Agenten Karl Alberts ganz Oberitalien insurgieren, sagt der einundachtzigjährige Radetzky: »Ich werde das Blut beweinen, das fließen muß, aber ich werde es vergießen!«

Ein Jahr nachher vergießt er dieses Blut. Er siegt in Schlachten, die wie in einem Jugendrausch geschlagen werden, siegt bei Verona, Curtatone, Santa Lucia und Custozza. Noch ein Jahr darauf bezwingt er die Piemontesen und sagt bei Novara, in das Kampfgewühl schauend: »Gott sei Dank, sie laufen!« Dem Adjutanten, den er dann zu Viktor Emanuel sendet, mit der Botschaft, er bewillige dem geschlagenen König eine Unterredung, sagt er lächelnd: »Er darf schon ein bisserl Wind machen …« Auch für den, der nicht militärisch fühlt, der nur aufs Menschliche blickt, hat dieser kämpfende Greis einen unbeschreiblichen Zauber, hätte ihn, selbst wenn er unterlegen wäre.

In einem Bauerngehöft kommen Radetzky und Viktor Emanuel zusammen. Um ungestört sich zu besprechen, steigen sie auf einen Düngerhaufen. Rings im Kreise stehen die Suiten und schauen zu. Und wie Radetzky einmal mit einer Gebärde der Ungeduld sich abwendet, murrt sein Kammerdiener, der Karl, der das lose Maul hat, und der sich ungeniert zu den Offizieren gesellt: »Wenn er nur nicht nachgibt, der Alte! Hab's ihm heute beim Anziehen noch eigens eingeschärft.«

Er gab nicht nach. Wieder ein Lustrum später, als Siebenundachtzigjähriger, schreibt er seiner Tochter aus Verona jenen merkwürdigen Brief, der anhebt: »Den siebenten Ball, sehr zahlreich und animiert ... Die Herzogin von Parma tanzte bis drei Uhr sehr munter, die Toiletten der Damen sehr gesucht und elegant ... den Kotillon tanzten etliche fünfzig Paare ...« Jenen beispiellosen Brief, in dem es wenige Zeilen nach dem Ballbericht heißt: »Zehn tote Soldaten mit ausgestochenen Augen, aufgeschlitzten Bäuchen ...« (wurden in Mailand gefunden). Jenen Brief, der mit den Worten schließt: »Wenn meine Anträge genehmigt, Mailand außer Gesetz gestellt – dann wehe Mailand!«

Als er dann – 1857 – die erbetene Versetzung in den Ruhestand erhält, sendet er seiner Tochter eine Kopie des kaiserlichen Handbilletts und schreibt dazu: »Anliegend schicke ich Dir eine Abschrift mit der geplatzten Bombe ...« Er hat zweiundsiebzig Dienstjahre hinter sich, ist einundneunzig Jahre alt, und nennt seinen Rücktritt, wie man etwa ein unerwartetes, verfrühtes Ereignis nennt: eine »geplatzte Bombe«.

Züge: Der Mann, der spricht: »Ich beweine das Blut ... aber ich werde es vergießen.« Der nach dem Sieg von Novara dem jungen Ordonanzoffizier erlaubt: »Er darf schon ein bisserl Wind machen ...« Der auf ein und derselben Briefseite einen Ball beschreibt, die Toiletten der Damen kritisiert, und zuletzt das »wehe Mailand« hinsetzt. In all dem ist eine österreichische Mischung von Größe und Gemütlichkeit, von Härte und liebenswürdiger Anmut. Die Jovialität, die dem Kammerdiener gestattet, sich's einzubilden, er habe, wenn über Krieg und Frieden entschieden wird, auch was dreinzureden, ist von österreichischer Art ebenso tief gefärbt, wie die unfeierliche, von allem Pathos ferne Manier, mit der dieser Kammerdiener den siegreichen Feldherrn mitten unter seinen Offizieren: »der Alte!« nennen darf, ohne daß der Respekt, ohne daß die Verehrung dabei Schaden leidet.

Ein österreichisches Soldatenleben, wie kein anderes. Ein Militärdienst, der unter Kaiser Josef II. anhebt und unter Franz Josef endigt. Eine Vitalität, die im höchsten Greisenalter ihre höchste Leistung vollbringt. Ein besonderes, beinahe planvoll wirkendes Schicksal, das diesen Feldherrn aufspart, ihn von den Türkenkriegen her durch alle napoleonischen Blutbäder in eine neu anbrechende Zeit geleitet, daß er, mitten im Sturm der Wiener Revolution, im Abfall und Aufstand der Provinzen, die Habsburger rette. Und wie er als hinfällig geglaubter Greis überraschend seine Siege erringt, scheint er die Kraft des alten, für hinfällig und marastisch erklärten Österreich zu verkörpern und zu beweisen.

Das Wesen dieses Mannes, sein Geist und seine Art klingen weiter bei den österreichischen Soldaten, bei dem ganzen Volk. Radetzky-Marsch. Nicht viele wissen, daß Johann Strauß, der Vater, ihn gedichtet hat. Niemand fragt danach, ob ihn überhaupt ein einzelner ersann. Es ist wie eine österreichische Melodie, aus dem Lande selbst entstanden, und ihm so natürlich, wie nur irgendein Bodenwuchs. Radetzky scheint darin, beinahe körperlich, fortzuleben, in farbige Töne aufgelöst, scheint darin zu atmen und zu sprechen, mit seiner Energie, seiner Tapferkeit und seinem Talent zur Popularität. Ein hinreißend mutiger Schritt wie von vorrückenden Regimentern ist darin, wie wenn hunderttausend junge Menschen in hunderttausendfacher Jugendfröhlichkeit einherkämen. Das Rauschen heroischen Kampfes ist in diesen Klängen, Übermut, Siegesjauchzen, dazwischen, wie ein Echo aus der Ferne, das zappelnde Modulieren italienischer Dudelsäcke und Lederpfeifen. Und der Glanz des Ruhms schimmert in dieser Melodie.

Immer aber scheint sie den einen Namen in uns aufzuwecken und zu wiederholen: Radetzky. Der ist unter uns wie ein lebendiges Wesen, scheint für sich allein ein eigenes Dasein zu führen. Der Mann, der ihn einst getragen, der ihm so viel Daseinskraft gegeben hat, ist nun ein halbes Jahrhundert tot. Mit diesem Namen aber ist es so, als höre man noch ein Herz darin schlagen.

THRONREDE

Das sind nun wieder sechs Jahre her, seit der Thron zuletzt hier aufgerichtet ward, wie heute, in diesem alten Prunksaal, damit der Kaiser von seinem Herrschersitz aus so feierlich zum Reichsrat spreche. Eine Formalität. Aber sie bedeutet so viel. Ist das äußere Zeichen einer Idee, die ihren Tiefsinn und ihren Pomp nicht anders mitteilen kann, als durch feierliche äußere Zeichen. Daß weiße Straußenfedern den Baldachin zu des Kaisers Häupten krönen, spricht vom Wappenschmuck, ritterlicher Helmzier von einst. In der Gegenwart heraldisch beredsame Vergangenheit. Daß die Garde dasteht, den Säbel gezückt, eine Formalität; aber das äußere Zeichen einer Idee. Daß der Mann zur Rechten des Thrones in seinen Händen das blanke Reichsschwert hält, während der Kaiser spricht, eine Formalität. Denkt man der Stadt, die jetzt im Drang des geschäftigen Tages tausendfältig da draußen diesen Saal umbraust, denkt man über die Stadt hinaus, weit in die Ferne, zu anderen Städten, zu den Provinzen, millionenfach bevölkert und belebt, und öffnet sein Auge dann dem Bilde wieder, das dieser Saal hier bietet, dann ist dieser ganze Raum hier die Szene einer bedeutenden und erhabenen Handlung, ist erfüllt von Sinn und Bedeutung, jede Geste schwer von Inhalt, beredsam durch die Kraft des langsam Gewordenen, beladen von Erinnerung, von Vergangenheit ganzer Völker, bedeckt von den Spuren verjährter Kämpfe um Recht und Vorrecht. Man kann menschliches Gepränge belächeln, kann für sich den äußeren Glanz eines Schauspiels mit einem ironischen Wischer auslöschen und sich damit das Blinzeln geblendeter Augen sparen. Aber es zeigt von wenig Witz, so witzig zu sein. Und von wenig Lebensgefühl, die Schönheit solcher Lebensfülle zu verkennen.

Man braucht, um von großem Schicksal angerührt zu werden, nur den Kaiser anzuschauen. Braucht nicht erst den Prunk, der ihn ernst, starr und groß umgibt, bis zur lebendigsten Beredsamkeit aufzulösen. Man braucht nur den Kaiser anzusehen, um die historische Kraft dieser Stunde zu empfinden. Wie vieles ist geschehen, seit er – ein Jüngling von achtzehn Jahren – zum erstenmal auf diesem Thron saß. Und wie vieles liegt vor uns, jetzt, da er hier zu den Vertretern des Volkes redet. Das alte Österreich versank unter seinen Schritten. Unter seinen Schritten entstand ein neues Österreich, ersteht jetzt wieder ein neues.

Unbewegt und hoch über jedem Niveau, auf dem man noch nach Wirkung strebt, klingt seine Stimme. Unnahbar für Zustimmung und Beifall. Dennoch kommt ein Wort, das auf einmal die Distanz zwischen den versammelten Menschen hier und dem einsam über allen Thronenden kürzt: »Wenn mir in meiner frühen Jugend die Aufgabe ward ...« Das Wort Jugend schlägt warm zu uns heran, und mit einer flüchtigen Betroffenheit, mit einer rasch hinhuschenden Ergriffenheit hört man den Kaiser von seiner Jugend sprechen. Den alten Kaiser, der dort auf dem Thron sitzt, ganz wenig in sich versunken, schneeweiß, unter seinem grünbefederten Generalshut. Dann wieder ein Wort: »Durch die Gnade der Vorsehung war es mir beschieden, zwei Generationen meiner Völker zu führen.« Von seiner Jugend und von seinem Alter spricht der Kaiser. Fürsten auf dem Throne haben sonst nicht Jugend und nicht Alter, haben in ihren Worten keinen Anklang an persönliche und irdische Dinge, sondern stehen da als Repräsentanten eines Prinzips mehr denn als Menschen. Diese Worte aber sind menschlich, persönlich, irdisch. Es ist, als ob sich der Kaiser in ihnen tiefer zu den anderen Menschen herabneigen würde, als käme er ihnen, die da um seinen Thron geschart sind, in diesen Worten näher.

In diesem Kreis, in dem er einst auf seinem Kaisersitz der Jüngste gewesen, ist er der Älteste heute. Mögen auch etliche im Saale sein, die der Jahre um einige mehr zählen als er. Dennoch ist er der Älteste. Denn die anderen haben ihre Jugend, ihre von aller Verantwortung leichte Jugend gehabt, aus einer zwanglosen Tiefe erst später aufsteigend, und im Aufsteigen die Kräfte übend für die Höhe. Er aber ist als Jüngling schon da oben gestanden. Wie viele hat er im Besitz der Macht gesehen, die er ihnen anvertraute. Und wie viele brachen unter der Last, die auf ihre Schultern gelegt war, zusammen. Wie viele sind hier aufrecht an des Thrones Stufen gestanden, als seine Ratgeber und ersten Diener, und sanken erschöpft darnieder, während er dort oben ausharrt und frisch bleibt. Als er zum erstenmal hier zu dem neuen Parlament sprach, stand Schmerling da, in voller Mannesblüte. Schmerling ... wie aus verschollenen Fernen klingt dieser Name heute nur noch leise zu uns herüber. Namen: Graf Beust, dann Schwarzenberg, Pretis, Hohenwart, Taaffe. Einst war das Gegenwart, Leben, Wirklichkeit. Jetzt liegt es wie Erinnerungsschutt unter den Schritten der neuen Männer. Doch unter dem Baldachin, der wie einst seinen fürstlichen Federschmuck zur Decke hebt, thront über den neuen Männern der alte Kaiser.

Einst ist er hier der Jüngste gewesen, war inmitten seiner Räte wie ihr Sohn, und sie standen vor ihm wie väterliche Freunde. Jetzt treten alle, die hier im Saale sind, wie seine Söhne zu ihm heran, und er ist wie ein Vater über allen. Da sind die neuen Abgeordneten, die das neue Wahlrecht hergebracht hat. So viel Jugend, so viel Frische und erste Manneskraft war selten noch in einem Parlament, in einem österreichischen Parlament noch niemals beisammen. Männer von dreißig bis fünfzig. Die an die Sechzig gehen, sind wenige unter ihnen. Früher war's eine Versammlung von Grauköpfen, jetzt sind die grauen Haare selten. Die Minister fast alle knapp über fünfzig; ungefähr in dem Alter, in dem jetzt der Kronprinz wäre, wenn er noch lebte. Beinahe alle, die hier des Kaisers Wort vernehmen, die seine Regierung führen, die in seiner Gesetzgebung mitreden, wurden geboren, wuchsen auf, wurden Jünglinge, Männer, während er auf seinem Throne saß. Während er die Krone trug und die Bürde des Herrschens, zogen Geschlechter auf Geschlechter an ihm vorbei. Die Generation, die er vorfand, als er das Zepter ergriff, schwand dahin und liegt jetzt in ihren Gräbern. Und die Generation, die zum Dasein erwachte, als er schon ein Menschenalter in diesem Dasein die Völkerschicksale lenkte, tritt jetzt zu ihm heran wie ein Geschlecht von Söhnen. Diejenigen aber, die mit ihm zugleich ins Leben kamen, sind fast alle schon schlafen gegangen, und was von ihnen die Augen noch offen hat, ist müde. Er aber ist unermüdlich. Einen nach den anderen hat er in diesen letzten Jahren zum Ausrasten beurlaubt, mit freundlichem Dank verabschiedet, mit guten Wünschen für den Ruhestand. Kaum einer oder zwei sind noch bei ihm, die von jeher mit ihm Schritt gehalten. Er entbehrt die langgewohnten Weggenossen und bedarf für sich selbst keiner Rast. Hier im Saale ist einer, der gestützt werden muß wie ein Greis. Über ein Jahrzehnt ist er jünger als der Kaiser, schlürft die Wonne des Herrschens seit drei Lustren erst, und schon hat ihn die malmende Schwere der Macht gebrochen. Verwüstet von Würden, verbraucht vom Regieren, zersplittert, erlahmt und verwelkt auf der Höhe hat der Kaiser viele gesehen. Und schreitet selber aufrecht durch den langen Saal, sprengt hoch zu Roß über weite Manöverfelder. Er, der zwei Generationen seiner Völker geführt hat.

Wüßte man, wie er jetzt über das menschliche Treiben denkt, das er fast sechzig Jahre lang von der Höhe des Thrones herab betrachtet. Wüßte man, wie er über menschliches Herrschen denkt, das er fast sechzig Jahre lang geübt hat, gehüllt in den ältesten Purpur Europas. Und mit welchem Gefühl er die Wandelbilder seines Lebens in der Erinnerung überschaut, wieviel von seinem Ich er als Gegenwart, wieviel als Geschichte empfindet. »In meiner frühen Jugend ...« Mit fernem Dämmerschein winkt Alt-Österreich aus diesen Worten. Und ein unermeßliches Schicksal tritt aus ihnen hervor.

Feierliche Thronrede. Diesmal historisch und menschlich feierlich zugleich. Denn die jungen Menschen, die hier standen, werden sich in späten Jahren der Stunde noch erinnern, da sie den alten Kaiser sahen, das freundliche, lebenslang uns allen vertraute und gewohnte Antlitz, schneeweißen Bartes unter dem Generalshut, diese feine Fürstengestalt, umwittert von dem Hauch großartiger, tragischer und seltener Erlebnisse. Und wie er in dieser Stunde, nahe am sechzigsten Jahre seiner Reiche, der neuen Zeit die Pforten öffnete, wie er milde, abendlich leuchtende Worte von seiner Jugend und von seinem Alter sprach, konnte man für Augenblicke tiefer in diese unerreichbare, fern über alle hinschwebende Stimme hineinhorchen.

»GEWEHR HERAUS!«

Wie ein hoher fürstlicher Saal ist der innere Burgplatz. Wundervolle Stille umfängt einen, wenn man aus dem Straßenlärm hereinkommt und es ist, als sei man hier in der imposanten Leere einer herrschaftlichen Antichambre. Man spaziert umher, verrastet Aug' und Sinne an der vornehmen Ruhe dieser Mauern, wird langsam und ganz unmerklich von einer ehrfürchtigen Stimmung beschlichen. Das Kaiser Franz-Denkmal steht da, wie ein einsames Zierstück in einem ausgeräumten Prunkgemach. Überall Strenge, steinerner Ernst. Nur die Uhr auf dem First des Amalien-Traktes blickt auf die eingeschüchterten Untertanen herab wie ein rundes freundliches Antlitz.

Als kleiner Junge habe ich mich hier oft herumgeschlichen. Alle kleinen Jungen in Wien tun das. Hier ist die Kaiserwache. Da steht die Fahne, lehnen an schwarzgelber Barriere die Flinten, und besonders: da sitzen auf einer langen, die graue Burgmauer hinlaufenden Bank die Soldaten, daß man sie in aller Muße betrachten mag, was ja in jenen guten Tagen ein unerschöpflicher Genuß ist. Der Offizier promeniert, die goldene Feldbinde um den Leib, vor der Wachstube, und man beneidet ihn sehr. Der Mann am Posten geht, das Gewehr geschultert, aufmerksam auf und ab. Alle warten. Der schöne, stille Platz ist wie von atemloser Erwartung erfüllt, und von gespannter Neugierde.

Einmal war ich mutiger und trat zu dem Posten, um ihn genauer zu betrachten. Er stand dicht vor der Fahne und ich ganz nahe vor ihm und bestaunte ihn in seiner Rüstung und in seiner herrlichen Strammheit. Hatte nur ein wenig Angst, er würde mich wegjagen oder gar einsperren. Wich aber doch nicht vom Fleck. Er schob mit einem Achselzucken das Gewehr zurecht, reckte sich kerzengerade auf, blinzelte mit stumpfem Blick seitwärts in die Höhe. Ein sonngebräunter, pausbackiger, eisenfester Bauernbursch. Plötzlich stieß er ein hirnerschütterndes Geschrei aus. Gänzlich unvermittelt. Ich sah nur, daß sein breites Gesicht im Nu völlig auseinanderging, daß sein Mund sich auftat, wie ein ungeheurer schwarzer Rachen, aus dem dieses schreckliche Gebrüll hervordonnerte. Entsetzt war ich zurückgesprungen, und in der blitzartigen Überlegung der ersten Sekunde meinte ich, er sei aus heiler Haut rasend geworden, oder weil der Mann es vielleicht nicht ertragen könne, angeschaut zu werden, sei nun durch meine Schuld ein toller Schmerz in ihm erwacht und entreiße ihm diese gellenden Töne, davon der ganze Platz widerhallte: Ge…wäh…rähr…rrr…a…aus! Dann aber, als die anderen Soldaten eilig nach ihren Waffen sprangen, sich in Reih und Glied stellten, der Offizier den blitzenden Säbel aus der Scheide holte, und als die Trommeln zu wirbeln begannen, merkte ich, daß alles in Ordnung sei. Und gaffte überwältigt dem goldenen Wagen nach, der majestätisch zum Tor hinausfuhr.

Viel mehr als den Wagen, dessen Radspeichen vergoldet sind, kriegt man ja auch sonst nicht zu sehen. Höchstens, daß noch des gleichfalls goldgeschirrten Leibjägers weißer Federbusch, der so stolz im Winde flattert, als Augenweide gelten kann, und daß man sich der prachtvollen Pferde freut, die im Laufen so nobel mit dem Kopf nicken. Dann ist alles wieder vorüber. Der Trommelwirbel verklingt, der Schnarrposten schweigt beruhigt, die Soldaten sitzen wieder harmlos da. Es ist nichts vorgefallen, und man kann auch keinen weiteren Eindruck mit nach Hause nehmen, als daß die Mächtigen dieser Erde nicht über die Straße können, ohne daß sich vor ihnen ein helles Geschrei und ein gewaltiger Lärm erhebt.

Dennoch: auch der Erwachsene, auch der Aufgeklärte, auch der weiß Gott wie Gescheite kann sich der Wirkung dieser Szene nie entziehen. Er wird jedesmal, immer und immer wieder aufs neue gefangen genommen, wie von einem unwiderstehlichen Effekt. Man geht gleichgültig über den Franzensplatz, ohne Laune, ohne den Zauber seiner Stimmung diesmal zu spüren. Da auf einmal der langgezogene Ruf: »Gewehr heraus!« Aufgeregtes, eiliges Zuspringen der Soldaten. In der nächsten Sekunde das Einschlagen der Trommel. Der Offizier präsentiert grüßend den Säbel. Noch sieht man nicht, wen er grüßt. Aber er grüßt feierlich in die leere Luft, und das Wirbeln des Tambours prasselt über den Platz. Überallhin schaut man sich um. Plötzlich, von irgend einer Seite her jagt der Wagen, umhüllt vom festlichen Dröhnen dieser Ehrenbezeugung heran. Ein wehender Federbusch, goldfunkelnde Räder, vielleicht sogar am kristallenen Kupeefenster ein weißer Handschuh. Und schon werden hohe Torflügel geschlossen. Vorüber. Man hat den Kaiser selbst nicht gesehen, aber doch den Glanz seiner Nähe, hat doch von kaiserlicher Macht einen flüchtigen Hauch verspürt. Zum deutlichsten Wahrzeichen seiner Herrschaft wird einem nun die Torwache. Abgesandte sind es, von allen Truppen hierhergeschickt, zu des Kaisers Wohnung, um in Waffen unter seinen Fenstern auf der Hut zu sein. Und kommt er nach Hause, und fährt er aus, sowie sie nur seiner ansichtig werden, treten sie hervor, grüßen ihn mit kriegerischem Zuruf und Trommelschall, melden: Wir sind da!

Viele ernsthafte Leute gibt es, die sonst niemals Maulaffen feilhalten, und die sich doch manchmal dazu verleiten lassen, wenn sie über den Franzensplatz gehen. Sie warten ein paar Minuten. Aufs Geratewohl. Spähen umher, verweilen noch ein paar Minuten und sind dann gänzlich der allgemeinen, ruhevollen und großartigen Spannung, die hier herrscht, verfallen. Schauen überall nach Vorzeichen aus, lugen zu den Fenstern empor. Dort im Torbogen schüttelt ein Burggendarm den Kopf, daß der üppige Roßschweif auf seinem Helm zu wallen und zu zittern beginnt. Hat er was bemerkt? Oben in den Fenstern lüften hie und da die Garden den Vorhang, daß ihre scharlachroten goldbetreßten Röcke sichtbar werden und die blinkende Hellebarde in ihrem Arm … Noch nicht? Dann steigt die neugierige Spannung bis zum heftigen Wunsch: das Ereignis möge endlich eintreten. Zu allen Stunden kann man hier Menschen finden, die zögernd vor der Burgwache stehen, die Soldaten anschauen, und von ihnen erwarten, daß sie »Gewehr heraus!« schreien.

Die besonderen Anlässe gar nicht eingerechnet. Wenn eine feierliche Auffahrt die Wache fortwährend ins Gewehr nötigt. Dann füllen die alten Staatskarossen den Platz, Prunkwagen, die in kühngeschweiften Federn schaukeln. Drei, vier Lakaien in Allongeperücken hinten drauf. Als seien die prächtigen, herrschaftlichen Zeiten des Rokoko wiedergekehrt. Da tritt der Ruf des Schnarrpostens zurück, wird bei solch blendender Ausstattung nur zu einem stützenden Nebeneffekt, fügt sich harmonisch in die erhöhte Stimmung und sorgt dafür, daß derlei Schauspiel nicht als völlig lautlose Pantomime vor der staunenden Menge sich zutrage. Oder wenn ein toter Prinz eingebracht wird, nächtlicherweise bei Fackelschein, wie es Brauch ist, und ihn bei dieser trübseligen Heimkehr in das Haus der Väter der Postenruf empfängt. Dann ist das »Gewehr heraus!«, das unheimlich, wie ein Klageton durch die Finsternis dringt, eben von so pointierter Wirkung, daß es sich von selbst begreift.

Sonst aber: mag es unverständlich scheinen oder töricht, in der überkommenen Lust an höfischem und kirchlichem Gepränge liegen, oder an dem hier herrschenden Geschmack, der dekorative Zeremonien liebt. Niemals versagt diese Wirkung. Man könnte ein Theaterstück schreiben, das auf jeder Wiener Bühne einschlagen müßte: »Der Kaiser kommt«. Und es braucht weiter keine Handlung zu haben, als daß halt der Kaiser kommt. Man muß den Kaiser auch gar nicht einmal sehen, und es wäre dennoch ein großer Erfolg. Sieht man ihn im Leben ja auch nur selten. Jeder Mensch könnte dieses Stück schreiben, denn es ist durchaus nicht notwendig, daß irgend etwas anderes sich zuträgt, als leise, sorgfältig arrangierte, behutsam gesteigerte Vorzeichen. Es erübrigt nur, sie der Wirklichkeit abzulauschen. Allerdings wäre die herrliche Kulisse dazu erforderlich, die zum Beispiel der äußere Burgplatz abgibt, wo die Stadt ehrfurchtsvoll vor der Burg zurückweicht und mit ihren Häusern in einem ungeheuren Kreise die kaiserliche Wohnung nur von ferne umgibt. Dann draußen vor dem Franzenstor auf der Ringstraße der Soldat. Ganz von weitem, von der Mariahilferstraße her, ein winkender Sicherheitsmann. Er hat den Hofwagen zuerst erblickt. Der Soldat wartet, bis auch er den weißen Federbusch schimmern sieht. Dann schnell einen Druck auf die elektrische Klingel, die in der Säule verborgen angebracht ist, und jetzt drinnen auf dem grünen Platz jubelt der Posten sein »Gewehr heraus!« zum Reiterstandbild des Erzherzogs

Karl empor, als habe er jetzt eine Vision, oder als fühle er sich gedrängt, dem Sieger von Aspern eine plötzliche Huldigung darzubringen. Dann das gewöhnliche, aufgeregte und ratlose Laufen der alarmierten Passanten, nach allen Richtungen hin, weil sie ja doch nicht wissen können, von welcher Seite der Einzug stattfindet. Dann Trommelwirbel, der die allgemeine Erregung nur noch vermehrt, da sich für ihn weit und breit kein Anlaß zeigt. Dann der Säbelsalut des Offiziers, und nun rollt die Equipage blitzschnell vorüber. Nun rufen sie auch schon auf dem inneren Burghof ins Gewehr.

Es ist aber doch vielleicht besser, diese Szene nicht zu schreiben. Von den technischen Aufführungsschwierigkeiten ganz zu schweigen. Würde sie trotzdem geschrieben, dann müßte sie für alle Bühnen verboten werden. Denn sie könnte nur Illusionen zerstören, den Eindruck, den die Wirklichkeit übt, in bedenklicher Weise abschwächen. Wenn man sich jetzt vom Gewehrruf ergriffen fühlt, wenn das Rühren der Trommeln einem unwillkürlich jähe Ehrfurcht einwirbelt, wenn man beinahe Bereitwilligkeit zur Devotion in sich verspürt angesichts dieser feierlichen Begrüßung, und zuletzt entblößten Hauptes dem vorübersausenden Hofwagen nachblickt, dann zeigt man nachher keine Lust, sein Empfinden zu korrigieren. Man hat mitten auf seinem Wege durch die Alltäglichkeit des Lebens einen wunderbar dramatischen und prächtigen Moment genossen, sich ihm gern hingegeben, ja sogar daran tätigen Anteil genommen. Und hat man auch nur einen zufälligen, gänzlich nebensächlichen Komparsen vorgestellt, so bewundert man doch völlig aus seinen ästhetischen Instinkten heraus die glänzende, unübertreffliche Regie, deren dekorative Kunst ebenso groß ist, wie ihre psychologische Weisheit.

FRÜHJAHRSPARADE

Ganz früh am Morgen. Die Sonne funkelt freilich schon auf den Dächern, aber noch ist dieser junge Tag durchweht vom kühlen Atem der ersten Juninacht, und die Schatten längs der Häuser sind noch ohne das tiefe Schwarz, sind noch blaß und zart wie Schleier. Die Straßen riechen in der beginnenden Wärme nach trockenem Staub, aber sie sind noch frei von dem erstickenden Dunst des Menschengewühls. Und manchmal merkt man noch den Duft der nahen Berge, der Wälder, den Grasduft der Wiesen, die vor wenig Stunden über die schlafende Stadt hingehaucht haben.

Musik und Schritt der Regimenter. Bum, bum … in der Ferne hört man das Schlagen der Trommeln. Dann muß an einer Kreuzung der Wagen halten, und wieder halten. Militär rückt in den Morgen hinaus. Die Trompeten und Hörner schmettern einen Marsch, und ihr helles Goldblechklingen hat jetzt irgendeine fühlbare Verwandtschaft mit dem Sonnenlicht, das nun goldener und heller aufs Pflaster zu schmettern anfängt. Die Straßenzeile hinauf rollt das dunkelblaue Band solch eines Regiments. Der Schritt der Soldaten bewegt dieses dunkelblaue Band in kleinen regelmäßigen Wellen. Und über diese Wellenlinie hin schwebt ein süßer, feiner Farbenton von hellem Grün. Der Eichenbruch, den die Leute auf ihren Tschakos tragen. Wie viel pochendes Leben, wie viel Kraft und Jugend und wie viel Frühling liegt in diesen regelmäßigen, dunkelblauen Wellen.

Jetzt sind wir die Rudolfshöhe hinauf, und das weite Feld dehnt sich festlich vor unserem Blick. Ganz sanft niedergleitend gegen den Horizont, ein grünes Brett, um mit menschlichen Figuren ein fürstliches Schachspiel darauf zu pflegen. Dort drüben hält der Wienerwald seinen breiten Rücken her, trägt die vielen weißen Häuser, die Kirche mit der goldenen Kuppel des Steinhof, trägt das breite Erzherzogschloß, und dort sind die Abhänge, die rauschenden Wälder des Galitzynberges, den die Wiener einfach und vertraut den »Galihziberg« nennen.

Das funkelt nun alles in der Morgensonne. Das grüne Feld, die Kuppen der Berge, die Fronten der weißen Vorstadthäuser in der Ferne, und langsam beginnt der Tag sich zu erhitzen, beginnt zu flammen und zu glühen in einer wundervollen, himmelblau und goldenen Sommerpracht. In vierfachen Reihen stehen an tausend Wagen hier oben auf der Rudolfshöhe, am Saum der Schmelz. Wenn man dies fröhliche Bild betrachtet, erinnert man sich der farbigen englischen Stiche, auf denen mit ihrem mondainen Getümmel die Wagenburgen dargestellt sind, etwa beim Wettrennen zu Newmarket oder Devonshire. Nur daß diese Wirklichkeit noch bunter und zwingender ist als alle englischen Stiche zusammen. Die Damen in ihren hellen

Sommerkleidern sind auf die Wagensitze gestiegen, ihre weißen, blauen, grünen und roten Schleier flattern, ihre Hutfedern wehen, ihr Lachen und ihr Plaudern fegt wie ein leises Rauschen über den Platz. Und die Luft ist jetzt erfüllt vom Geruch hundertfacher Parfüms, vom Duft der Seidenkleider, vom Geruch der Zigaretten, die die Herren rauchen, und vom Geruch der vielen dampfenden Wagenpferde.

Über das weite Feld hin ziehen die Truppen, rücken jetzt in langen Linien auf, mit wehenden Fahnen, die sich von fern nur wie das Tanzen kleiner Wimpel ausnehmen, und mit klingendem Spiel. Aber man hört nichts von der Musik. Der Wind hebt das Schmettern von neun Regimentskapellen auf und zerstreut diesen riesigen Schall wie das Singen eines Kindes; er nimmt diese Klänge, löst sie auf und trägt sie zu den Wäldern hinüber, die das laute Tönen einschlürfen. Nur das Schlagen der großen Trommeln hört man, und es klingt wie ein feierlich taktmäßiges Teppichklopfen im Freien.

Ebenso trinkt dieses Feld die Massen. Dort drüben marschiert eine Armee daher, dort stampfen abertausend Männertritte, abertausend Rosse mit ihren Hufen, man hört es nicht. Man sieht nur kleine, blaue Schwärme und Linien dahinkriechen. Man sieht ein wenig Gold schimmern, man sieht manchmal einen Blitzstrahl aufleuchten, das Sonnenlicht, das in irgendeinem Säbel zuckt.

Quer über das Feld sprengt ein junger Offizier heran; ein Adjutant. Wie er näher kommt, wie er an uns vorüberstiebt, erkennt man, daß er die elegante Ulanenuniform trägt, daß er ein bildhübscher, schlanker junger Mensch ist, mit einem gesunden tiefbraunen Antlitz. Und es ist in allen seinen Gebärden, wie er die Zügel hält, wie er im Sattel sitzt, wie er den feinen Oberkörper leicht vorneigt, ein bezwingender Ausdruck von Lust, von Kraft und Jugend, und zugleich das Bewußtsein, daß er jetzt so vielen Menschen zum Schauspiel dient. Mir fällt irgendein Romankapitel ein, aus irgendeinem Wiener Roman. Und dieses Kapitel spielt auf der Schmelz, während der Frühjahrsparade, und der junge Offizier sprengt genau so über das Feld, trägt genau so die Ulanenuniform und ist genau so stolz und befangen zugleich bei diesem Ritt. Er stellt eine ziemlich wichtige Figur in diesem Roman vor, ist ein nachdenklicher Mensch, der den Boden prüft, auf dem er geboren wurde, der zu Hause und auf großen Reisen zu erkennen gesucht hat, worin die Eigenart Österreichs liegt, worin die besondere Art des Dienens und Herrschens liegt, und wodurch sich das Dienen und das Herrschen in Österreich etwa von der gleichen Übung in anderen Ländern unterscheidet. Jetzt sprengt er quer über das Feld auf seinen Posten und sieht die kaiserliche Suite beim eisernen Obelisken stehen, bemerkt die weißen Federbüsche, die roten Reiher, die blinkenden Pickelhauben und die Astrachanmützen der fremden Militärattachés, bemerkt die Feierlichkeit der kaiserlichen Garde, die dort wartet, um den Monarchen zu umgeben. Und jetzt kommt der Kaiser.

Grüßend reitet er durch das Spalier der Suite, die sich dann hinter ihm zu einem goldenen, schimmernden Wall zusammenschließt. Der Kaiser reitet einen herrlichen Goldfuchsen, der im Tänzerschritt geht und beim kurzen Galopp die Grazie einer Ballerine hat. Der junge Offizier bemerkt, wie der Kaiser mit einer unwillkürlichen Reiteranmut im Sattel sitzt, wie er den feinen, schlanken Oberleib leicht vorgeneigt hält, wie seine Schultern fallen, und der junge Offizier weiß in diesem Moment, daß er selbst beständig, ganz unbewußt, diese Haltung nachzuahmen bestrebt war, dieses leichte Vorneigen, diese abfallenden Schultern, diese österreichische Eleganz der Mühelosigkeit, der kaum von weitem angedeuteten, diskret gehaltenen Strammheit, und der lächelnden Würde.

Da galoppiert schon der Kaiser den aufgestellten Truppen entgegen. Weit voran, in der dunklen Uniform mit der goldenen Schärpe querüber, sprengt sein Flügeladjutant. Dann reitet der Kaiser, ganz allein, und es ist, als ob sein schönes Pferd nur auf dem vordersten Hufrand, wie auf den Zehenspitzen mit dem Boden tändeln würde, so federnd trägt es ihn dahin. Man sieht sein Gesicht von weitem, man glaubt es zu sehen, denn der weiße Bart schimmert unter dem grün wehenden Generalshut, und nur diesen Schimmer braucht es, um das wohlbekannte, in jedes Bewußtsein wie auf alle Münzen eingeprägte Antlitz vor sich zu sehen. Hinter dem Kaiser her der prächtige Sturz des Gefolges, diese herrliche Wolke, aus der das Braun und Weiß und Schwarz der galoppierenden Pferde, das Blinken der Helme, das Wehen der Federbüsche, das Gleißen der Tressen und Waffen und Schärpen als eine wundervolle Einheit von Prunk hervorbricht. Aber dem Kaiser entgegen braust und schmettert die Volkshymne. Die Fronten der Regimenter stehen regungslos, stehen da wie bunte Mauern, unbeweglich und starr, aber ihr klingender Gruß fegt dem heranreitenden Kaiser entgegen, mit Trommelwirbel und metallischem Trompetenklingen und donnerndem Paukenschlagen. Dieser Gruß fegt ihm entgegen wie ein tönender Atem, der seit hundert Jahren stets in den gleichen Zügen den Kaisern von Österreich aus der stummen, lebendigen Mauer ihrer Truppen entgegenschwoll.

Jetzt reitet der Kaiser langsam die Fronten ab. In vierfachen Reihen stehen diese Menschenmauern, in vierfacher Wendung reitet ihnen, hinauf und hinab, der Kaiser vorbei und zieht die goldene Schleppe seines Gefolges hinter sich her. Wo er sich einem Regiment nähert, rauscht die Volkshymne auf. Und der junge Offizier blickt auf dieses Beisammensein des Kaisers mit den Soldaten. Er sieht, wie die kaiserliche Gegenwart alle diese Menschen bannt, wie über ihnen nur das eine ist: der Befehl, und in ihrer Haltung nur das eine: der Gehorsam. Er blickt hinüber und vermag fast jeden einzelnen Mann zu unterscheiden, und vermag auf dem Boden die gleichen Zwischenräume zwischen all diesen Fußspitzen zu sehen, als hätte man in sorgsamer Symmetrie zwanzigtausend Bleisoldaten auf ein großes Brett gestellt. Er betrachtet diesen Vorbeiritt, der sich ausnimmt, als ob weiter nichts geschehen würde, und er weiß aber, daß dort dennoch etwas geschieht, etwas, das zwischen der Person des Kaisers und diesen Soldaten hin und wieder geht, eine Hingabe, die in ihrem letzten Grund rätselhaft ist, auf der jedoch die ganze Macht eines Regierenden sich aufbaut.

Umstoben von dem blitzenden Schwarm seines Gefolges, sprengt der Kaiser wieder zum Obelisken heran. Wie er so dahergaloppiert und hinter ihm drein noch der Salut der Truppen rauscht, ist es ein Augenblick von einer Feierlichkeit, wie nach einem Sieg. Und der junge Offizier, der seine Ergriffenheit meistern will, überlegt, daß in diesem Augenblick ein uraltes Prinzip aufs neue besiegelt und bekräftigt wurde – hier am Rande der enormen, von allen neuen Gedanken und Problemen durcharbeiteten Großstadt – und daß von dieser Besieglung das feierliche Empfinden herrührt.

Dann marschieren die Regimenter an dem Kaiser vorbei. In breiten Reihen kommen sie heran, junge Menschen, viele Tausende von jungen, blühenden Menschen, Söhne, Söhne, Söhne. Der Defiliermarsch zwingt ihnen wie mit energischen Griffen seinen Rhythmus auf, die Fahnen flattern hoch gehoben, und alle diese jungen, lächelnden, frischen Gesichter dem einen, weißbärtigen Greisenantlitz zugewendet, marschieren sie vorüber.

Der junge Offizier denkt bei sich, wie einfach, wie untheatralisch diese Art der Parade und des Vorbeimarsches ist, wie diese Truppe den kriegerischen Geist nur andeutet, als fürchte sie das Lächerliche und Prahlerische einer Übertreibung; wie sie die Strammheit mühelos und diskret nur andeutet, wie sie in ihrer Masse und in ihrem Schritt, in ihrer Zusammengeschlossenheit doch menschlich und persönlich bleibt, wie sie nicht einen Augenblick als eine Schar von Gliederpuppen erscheint, wie selbst ihr Gruß noch etwas Gemütvolles und Weiches hat – und er überlegt, daß die Anmut dieses Landes, daß seine tiefwurzelnde Kultur, seine Willigkeit und sein Taktgefühl so vieles leicht und anmutig macht, was anderswo …

Wo ich dieses Romankapitel gelesen habe, weiß ich jetzt nicht mehr. Ich glaube sogar, ich habe es überhaupt noch nirgends gelesen, und mich nur in die Möglichkeit eines solchen Kapitels verirrt. Es wäre aber vielleicht ganz gut, wenn es einmal geschrieben würde.

KAISERMANÖVER

Man sollte sich's einbilden können, daß es ein wirklicher Krieg ist.

Hinaus, die morgenstille Dorfstraße entlang, die vom ländlichen Geruch brennenden Reisigs durchflogen wird. Der Tag ist an der Sonne noch nicht warm geworden, und sein junges Atmen weht kühl über das erwachende Gelände. Auf dem dunklen Grün der Hochlandwiesen schreitet man über Moorgrund, wo das perlenbesäte Gras unter den Füßen glitzert, schreitet über die hellfarbigen Teppiche blühender Buchweizenfelder den Hügel hinan, wo junge Lärchen wie auf Vorposten stehen. Weithin überschaut man hier das Tal: in der Tiefe überall weißblinkende Ortschaften, winzige Häuser, gleich umhergestreuten Steinen auf einer riesenhaften Matte. In schwarzblauen Schatten steigen die Bergwälder von den Felsen nieder. Aber hinter grauen Wolken birgt sich die Brentagruppe noch mit ihren Gletschern, des Adamello und des Ortlers aufragende Schneegipfel, als habe die Natur zum Sommerfest dieses Tages noch nicht aufgeräumt und halte die Prunkstücke dieser Landschaft einstweilen unter Schutzdecken.

Irgend ein dumpfer Ton schlägt an, als ob in der Ferne ein Böttcherhammer niederfiele. Noch einmal, dann wieder. Mit dem Feldstecher suchen die Augen alle Höhen und Tiefen ab. Ganz weit, weit weg funkt ein gelber Schimmer auf, nicht stärker als ein verlöschendes Streichholz. Und wieder der dumpfe Ton. Die Kanonen eröffnen das Gefecht. Plötzlich andere Geräusche. Wie schwaches Peitschenknallen, wie das Bersten auffliegender Eierschalen, wie das Knittern von starkem Papier. Infanterie im Schnellfeuer. Dazwischen ein lautes, überraschendes Pochen, ungeduldig, als ob jemand voll Zorn an eine Tür klopfen würde: die Maschinengewehre. Das Pochen reißt ab, setzt wieder ein. Und nichts zu sehen, als in den Feldern oder am meilenfernen Waldrand das Aufblitzen der Säbel. In einer unermeßlichen Ruhe verharrt die Landschaft, in einer majestätischen Gleichgültigkeit gegen den Kampf, der sie in ihren Schrunden und Falten durchwühlt, in ihren Mulden und Gräben. Dort unten, tief in den Wäldern, in schmalen Gebirgspässen, am Rande unwegsamer Schluchten, auf engen Brücken, die hoch über wilden Sturzbächen schweben, bricht jetzt der Kampf los; um des Reiches Pforten.

Man sollte sich's einbilden können, daß es ein wirklicher Krieg ist. Sollte das hitzige Fieber spüren, das in den Stunden vor einer großen Entscheidung über die Menschen hinpeitscht. Sollte die Schauer jener ungeheuren, verführerischen Feindseligkeit genießen, die aus den tierischen Wurzeln unserer Art empordampft. Dann aufwachen, wie aus einem glühenden Traum, und sich an der spielerischen Wirklichkeit beschwichtigen:

Gedankenmanöver ... Vielleicht, daß von den Soldaten einer, anschleichend in der Schützenlinie, am Boden liegend, im Schnellfeuer, berauscht von seiner Jugend, von der eigenen Kampfgebärde und vom Knall des eigenen Gewehrs, für Sekunden in das siedende Bad dieser Einbildung stürzt, für Sekunden in dieses Traumes flammende Tiefen hinabtaucht. Im nächsten Augenblick aber reißt es ihn gewiß schon wieder aus dem Abgrund solcher Schwärmerei empor zum harmlosen Bewußtsein des harmlosen Kampfspieles. Denn es gibt eben Dinge, die sich auf Befehl nicht vorstellen, die sich nicht manövrieren lassen: Todesgefahr und Sterbensahnung, Blutrauch und in Ackerschollen hingekrümmte Verzweiflung, und die furchtbare Schicksalsatmosphäre, die über den Schlachtfeldern sich breitet.

Ein Schauspiel. Künftiger, oder niemals kommender Ereignisse vorberechnete Gebärde. Erdichtetes, wohl ausgedachtes, künstlerisch komponiertes Geschehen, dargestellt unter freiem Himmel von fünfzigtausend Akteuren. Ein Schauspiel in drei Tagen, in drei Aufzügen, wenn man will. Sorgfältig gesteigert, mit prachtvollen Massenszenen, mit unzähligen dekorativen Episoden, und mit einem einzigen Zuschauer, dessen Beifall ersehnt wird, dessen Gegenwart, wie ein ruheloser Pulsschlag in all den Massen, die sich hier bewegen, fühlbar ist, dessen Dasein Aufregung, Gespanntheit, Anstraffen der Nerven ringsumher verbreitet, und Prunk und Glanz und hohes Erwarten: der Kaiser.

Anschaulicher als sonst jemals tritt hier der militärisch-monarchische Gedanke in die Erscheinung, wird in dem kleinen Ort hier – vom bürgerlichen Großstadtwirbel nicht mehr verhüllt – greifbar nahe, wird gleichsam ohne störende Nebengeräusche reiner vernehmlich. Das unübersehbar große Regierungsnetz, das ein ganzes Reich zusammenhält, ist hier auf einmal zu übersehen, ist dichtmaschiger, so daß man herantreten und sein sinnreiches Gewebe bewundern kann. Das geringe Dorf ist zum Auszug der staatsgebietenden Mächte geworden, gibt den Extrakt der herrschenden Gewalten. Schon äußerlich. Die Einwohner, das, was man die »Bevölkerung« nennt, ist wie verschwunden, ist an die Wand gedrängt, in die Winkel verscheucht, unsichtbar neben dem Glanz, der jetzt in diesen Hütten wohnt. Tür an Tür: der Kaiser, die Erzherzoge, die Generale, Minister, Statthalter, Polizei. Und Militär, Militär, Militär. Überall, auf den Straßen, vor den Schenken, auf den Feldern, in den Torbogen, an den Brunnen steht einer vor dem anderen in Ehrfurcht, in Strammheit, in erstarrendem Gehorchen. Überall wird nur befohlen und Gehorsam geleistet. Überall gibt es nur Vorgesetzte und Untergebene. Alle Klassenunterschiede, alle Vorrechte stellen sich in greller Sichtbarkeit dar. Einer freien Arbeit lebend, hat man sie gelegentlich wohl vergessen: hat, unter höher gewölbten Horizonten dahinwandelnd, manche dieser Dinge für verschollen, für erledigt, für nicht mehr diskutierbar gehalten. Da wird es einem seltsam zumute während dieser drei Tage, die man hier in einer Atmosphäre voll Disziplin, voll Ergebenheit, voll Devotion verbringt, in konzentrischen Kreisen sich dreht, auf denen Rang und Stand, und Geburt und Charge verzeichnet sind, wo jeder mit den äußeren Abzeichen und Signalen seines Wertes umhergeht, wo Lohn und Strafe sofort vollzogen, erteilt und im Augenblick fühlbar werden. So nach und nach aber findet man sich angezogen vom großartigen Hokuspokus des Herrschens, fühlt sich fasziniert von der erlauchten Magie des Menschenfanges, und bewundert ihre tiefe Psychologie, ihre uralte Weisheit. Und dann braucht man sich's gar nicht mehr einbilden zu wollen, daß es ein wirklicher Krieg ist, hat dem Waffenspiel einen anderen Sinn gefunden, wenn man am nächsten Morgen hinauswandert ins Gelände. Da wird eben die Krone des Werkes gezeigt, die höchste Vollendung der Idee: wie sich die Tausende darbringen, wie sie dereinst ihr Sein und Leben einsetzen werden. Die Hauptprobe der äußersten Hingebung. Die Hauptprobe jener Treue, die in der Volkshymne »Gut und Blut« verspricht: Kaisermanöver.

Kanonengebrüll am zweiten Tag in der Frühe. Ganz nahe dem kaiserlichen Hauptquartier. Schwere nasse Wolkenvorhänge hüllen die Berge ein. Wolken ziehen am Waldsaum hin, und in der Tiefe des Tales deckt weißdampfender Nebel alle Dörfer und Fluren. Unten vollzieht der anrückende »Feind«, vom Wetterschleier verborgen, seinen Vormarsch. An die Sonne von Austerlitz denkt man, aber die Sonne scheint Zitate aus der Geschichte nicht anzuwenden und zeigt sich nicht. Auf der Anhöhe vor dem Dorf steht die Artillerie. Der Feuerblitz fährt aus den Kanonen, ein Donnerschlag, den man in der Magengrube, in den Eingeweiden wahrnimmt, der den ganzen Körper gleichsam durchzuckt. Das Echo reißt ungeheure Schallfetzen von den Bergen, die der Wind zerbläst. Aus den Wolkennebeln ein Knattern wie das Anfahren eines Motorrades. Mühsam nur erkennt man drüben im schütteren Gehölz das Landesschützenregiment. Langsam, geduckt, mit schleichenden Jägerschritten vorgehend, feuern sie, werfen sich zu Boden, in die Regenlachen, feuern. Jetzt, dicht vor der Anhöhe, auf der die Kanonen stehen, rückt in Schwarmlinie die Infanterie vor, erwidert die Gewehrsalven, deckt das Abreiten der Batterie: Rückzug. Nach einer kurzen Weile ist die Artillerie verschwunden. »Feuer einstellen.« Jeder Mann wiederholt es, ein langgezogener Aufschrei fliegt über die Felder. Und jetzt kommt die feindliche Macht von überallher heran, stürmt, aus dem Talnebel hervorbrechend, die Hügel hinauf, wälzt sich über die gewundenen Bergwege, und plötzlich wieder das Pochen, laut, eilig, zornig. Die Maschinengewehre, die den Verfolger noch aufhalten sollen. Kein anderes Schlachtgeräusch ist wie dieses alarmierend, trägt so beredsam den Charakter des schnellen Eingreifens, der furchtbaren Aggressivität.

Es regnet in Strömen. Seit Stunden regnet es. Scharf, kalt, und der Wind schleudert einem die dichten Strahlen ins Gesicht, zerrt die Wolken bis auf den Boden herab, wühlt die Schollen auf, peitscht einen mit eisiger Wassernagaika. Auf dem freien Platz vor dem Hauptquartier hält der Kaiser zu Pferd. Vor ihm in ihren weißen Mänteln die sechs Gardereiter, das Gesicht zu ihm gewendet. Ein wenig abseits das Gefolge. Generalstäbler, die fremden Attachés, Adjutanten. Weiter weg die Lakaien mit den Reservepferden. Vom Unwetter werden die Tiere nervös. Ihr lautes Wiehern tönt herüber, ihr ungeduldiges Schnauben. Niemand rührt sich dort, wo der Kaiser unbeweglich im Regensturm aushält. Stunde um Stunde erblickt man ihn so; querfeldein galoppierend zu einem anderen Standplatz, an feuernden Batterien vorbei, sein Pferd parierend, sieht diesen Greis, der leicht in seinem Sattel nur so zu federn scheint, und für den es den Hochlandsorkan, den Wolkenbruch, die Kälte offenbar nicht gibt. Wie er dann endlich einreitet, gefolgt vom Schwarm seiner erschöpften Suite, sieht man, wie ihm unter der schwer nassen Kappe das Wasser die weißen Haare an den Kopf klebt, wie es ihm von der Stirne, vom Bart und von den Wangen herabläuft, aber auch, wie er, frisch und rot überhaucht, lächelt, als sei das alles gar nichts. Die fünfundsiebzig Jahre, die fünf Morgenstunden zu Pferd und das Wetter ... gar nichts.

Schluß. Dritter Tag, dritter und letzter Aufzug. Man will ganz zeitlich fort, nichts versäumen, aber ehe die Sonne noch aufgeht, bebt das Haus. Auf der Wiese drüben schießen die Kanonen. Es ist, als ob das ganze Gebäude von einer Riesenfaust dröhnende Stöße bekäme. Der Fußboden zittert, die Fenster schüttern. Schlag auf Schlag. Plötzlich, dicht vor dem Tore das helle Krachen der Gewehre. Und rückwärts über den Hof, übers Dach hinweg das Pochen der Maxims. Hinaus ins Freie. Adjutanten rasen vorbei. Motorräder preschen die Mendelstraße hinauf, und in der Luft ein schallendes, verfliegendes »aaa ...« Das Hurrarufen stürmender Truppen. Saphirblau ist der Himmel, alles in goldenen Glanz getaucht, in Sonnenfröhlichkeit und Reinheit, die Wälder, die Wiesen, die funkelnden Kirchturmspitzen, die Berggipfel. Und von den schimmernden Neuschneefeldern der Brentagruppe lösen sich die letzten weißen Flockenwolken. Ein festlicher Abschluß. Wie ein Salutschießen dröhnt der Donner der Schlacht, die sich jetzt voll entfaltet. Auf der breiten Terrainwelle, die sich zwischen Romeno und Sarnonico wölbt, stürmen die Regimenter in breiten, formierten Fronten gegeneinander. Mitten zwischen die beiden Parteien fliegt ein glitzernder, goldfunkelnder, prachtblitzender Schwarm die Wiese hinauf, sammelt sich oben, nimmt Stellung: die kaiserliche Suite. Das Gewehrfeuer prasselt und schnattert und knattert, die Gebirgsbatterien pochen, die Haubitzen zerreißen das Firmament mit ihrem Krachen, und das Echo tobt an den Felswänden. Wie kleine farbige Tüchlein flattern die entrollten Fahnen über den Bataillonen. Da bricht aus dem Tann, der den Hintergrund abschließt, mit Hurra ein neues Regiment hervor. Es ist der Höhepunkt. Der Kaiser inmitten dreier Fronten, umgeben von formierten Regimentern. Regimentern auf seinem ganzen Rückweg, den er von Cavareno nach Romeno zu nehmen hat, all das mit meisterlicher Regiekunst auf den letzten Augenblick hin, auf den Schlußeffekt gruppiert. Ein scharfer Hornruf jetzt. Das Feuern verstummt allmählich, das Echo besänftigt sich und verhallt, und brausend klingt das Einschlagen der Musikbanden herüber: »Gott erhalte ...« Der Kaiser reitet die Fronten ab. Mit Trommelwirbel übernimmt eine Truppe von der anderen das Kaiserlied, immer weiter, immer entfernter, Generalmarsch ... Trommeln, dann feierlich die Volkshymne ... zuletzt nur ein leises metallisches Klingen. Der Kaiser reitet ins Hauptquartier zurück.

Rasch jetzt die Straße hinauf, heimwärts nach Bozen. Wie durch einen heiteren Soldatensonntag fährt man dahin. Singende Soldaten, lachende, sonnengebräunte Gesichter, Gesichter, denen das tiefe Atemschöpfen der Beruhigung etwas Zufriedenes und Befreites gibt. Überall liegen sie im Gras, rasten am Wegrand, rauchen, essen und singen. Wenn man sich's einbilden könnte, daß es ein wirklicher Krieg war und daß es nun Frieden ist, seit einer Stunde ...

Während der Drahtseilwaggon von der Mendel ins Kalterertal hinuntergleitet, wie in freier Luft hinab zu schweben scheint, rauscht der ganze Berg und klingt von Musik. Und in Sankt Anton unten, auf dem kleinen Bahnsteig, erzählen die Leute, daß der große Krieg im fernen Asien zu Ende, der Friede zwischen Rußland und Japan geschlossen sei. Laurins Rosengarten steht im Glühen der Abendsonne. Vom Bozener Dom her läuten die Glocken, und man hat den Traum, daß diese schöne Welt eine ruhige Stunde genießt.

ELISABETH

Jetzt ist uns ihre Existenz fast schon wie etwas Unwirkliches, ihre Gestalt schwebend wie die Gestalten eines Traumes, und auf ihr Schicksal blicken wir kaum noch wie auf ein gelebtes Dasein, sondern wie auf eine Dichtung. Das rührt von der tiefsten Seelenkraft dieser Frau her, die alle Wirklichkeit immer ins Erhabene emporzwang. Das rührt davon her, daß ihr Wesen vom Geschick freilich verwundet, aber niemals bestaubt werden konnte. Was auch rings um sie her an Verheißungen hindorrte, ihr eigener Sinn ist nicht welk geworden. Was auch vor ihr an teuren Gütern in Trümmer sank, es vermochte nicht, ihr den Weg zu sich selbst zu verrammeln. Dieses unbegreiflich hohe Hinwegschreiten über das äußere Leben macht es, daß ihr Dasein jetzt einer Legende gleicht.

Es fängt mit dem strahlenden Glück an, läuft aus sonniger Pracht in dunkle Trauer und endigt in grauenhaftem Tod. Momente aus ihrem Leben: die stürmisch geliebte Kaiserbraut, die in Wien einzog, so lieblich, daß sie nicht bloß die erste, sondern die schönste Frau des Reiches war. Die schönste Kaiserin an einem lachenden, frohgelaunten Hof, in einem lachenden, frohgelaunten Wien. Dann ihre Krönung zur Königin von Ungarn, bejubelt, wie seit den Tagen der Maria Theresia keine Monarchin mehr bejubelt wurde. Dann ein langsames Hinweggleiten aus all dem Glanz. Einsam und einsamer auf weiten Reisen. Dann der Tag von Mayerling. Das jähe Hinstürzen jeglicher Zukunftshoffnung. Dann wieder tiefe Einsamkeit in fernen Ländern. Der Traum vom Griechentum in dem weißen Schloß auf Korfu. Ein unerfüllter Traum. Das Schloß blieb verlassen. Wandern, wandern, wandern. An den Gestaden südlicher Meere, durch kleine Städte Italiens. Unerkannt, unscheinbar in ihren Trauerkleidern, versteckt und den Zudrang der Menschen meidend. Jahre. Dann am Genfer See das schnelle, aus Mörderhand empfangene Sterben.

Die Kaiserin ... Sie ist uns lange schon entschwebt, war uns eine Gestalt, die irgendwo ihr Dasein hoch über dem Dasein anderer Menschen ins Weite trug. Nur manchmal drang eine Kunde von ihr bis zu uns herüber, nur manchmal kam ein Klang aus ihrer Welt zu uns herangeweht. Und wunderbar, wie feines Ahnen in den Instinkten der Menge liegt, daß man aus so fernen Fernen die Kaiserin verstand, daß man ihr Suchen nach Schönheit und Ruhe begriff, daß man banalere Vorstellungen vom Walten einer Kaiserin still beiseite legte und mit ahnungsvoller Ehrfurcht eine Menschlichkeit bewunderte, die über den höchsten irdischen Rang hinaus höheren Graden noch sehnsüchtig entgegenstrebte. Die Kaiserin. Auch dieses Wort ist durch Elisabeth zarter, märchenhafter, unwirklicher, gleichsam dichterischer geworden.

Wir haben Bilder aus ihrer Jugendzeit. Denn ein anderes Antlitz als das ihrer blühenden Jugend hat sie dem Volke niemals im Bilde gezeigt. Aber indem wir diese Bilder jetzt betrachten, wissen wir, daß keines ihr wirkliches Wesen enthüllt. Dieses edel schmale Gesicht sehen wir, die Anmut ihrer geschwungenen Lippen, die dunkle Tiefe ihrer Augen. Doch wir sehen, daß alle Maler die Prinzessin Elisabeth malen wollten, die Kaiserin Elisabeth. Und daß keiner es vermocht hat, Elisabeth zu malen. Wir sehen, daß dieses Antlitz etwas noch verbirgt, ein Unaufgefundenes, ein Verhehltes, ein Verschlossenes: sein Bestes. Die Züge sind da, aber was diese Züge zur Einheit verschmilzt, was sie beseelt, das ist nicht da. An die leere Stelle tritt ein offizieller Ausdruck: Kaiserin. Die Lebendigkeit dieses Gesichtes, seine zarteste, intimste Lebendigkeit hat keiner von den Malern gegeben. Vielleicht auch, weil keiner sie erfassen konnte.

So ist ihr Wesen auch dem einfacher Zugreifenden nicht erfaßlich gewesen. Nicht in geraden, handlichen Worten ließ es sich sagen. Etwa: sie ist heiter gewesen, oder melancholisch, oder freigeistig, oder fromm, oder demütig, oder stolz, gütig oder voll Energie. Sie war am Ende zu sehr alles zusammen, heiter und melancholisch, freigeistig und fromm, demütig und stolz und gütig und voll Energie und noch vieles andere dazu. Sie war viel zu sehr alles zusammen, als daß man dem Volke eine Formel hätte darreichen können: so und so ist deine Kaiserin. Kann sein, man hätte sagen dürfen: sie ist fürstlich. Aber die Begriffe, die vom Fürstlichsein umgehen, sind durch andere Beispiele entstanden und gewertet worden. Es hätte Mißverständnisse gegeben.

Mancherlei Erbe trug sie in ihrem königlichen Blut. Die Wittelsbacher vermochten es oft, ihr fürstliches Vergnügen künstlerisch zu veredeln, hatten die Gabe, in geistigen Genüssen zu schwelgen, ja zu prassen wie andere in Genüssen des Leibes, hatten oft diese stürmende Seele, die sich selbst zerarbeitete. Zu ihren Urmüttern zählte Therese Kunigunde, des Polenkönigs Sobieski stolze und wildschöne Tochter, die das Reiten und Jagen liebte und das Bücherlesen, und dem höfischen Zeremoniell sich ewig widersetzte. Sie war des Kurfürsten Max Emanuel Gattin. Elisabeths Vater war der Herzog Max, den seine Sehnsucht in den Orient trieb. Es war die große Reise seines Lebens. Und sein Traum vom Reisen war der Orient. Ein Dichter, wie König Ludwig I., ein besserer vielleicht. Mindestens ein sehr kultivierter Dilettant, der historische Novellen aus der Renaissancezeit schrieb. Königliche Prunkliebe und bürgerliche Einfachheit ist bei den Wittelsbachern. Aber am Ende mag man alle Gaben, die das Bayernhaus zu vererben hat, noch so sehr durchsuchen, noch so sehr durcheinandermischen, die wundervolle Zartheit, die geheimnistiefe Kraft, die in der Kaiserin Elisabeth gelebt hat, entschleiert sich und erklärt sich damit nicht.

Was wissen wir auch von ihr? Daß sie in ihrer Jugend die adelige Kunst des Reitens geliebt und geübt hat. Daß ihr Körper gestählt und geschmeidig war und daß ihr Gang eine musikalische Schönheit besaß, die aus solcher Meisterschaft herkam. Daß sie den Zauber einer unberührten Natur, Bergwälder und Meeresufer inniger verehrte als den Tumult mondäner Amüsements. Daß keine Eitelkeit und keine Hoffart in ihr war, die sie getrieben hätten, sich am lärmenden Zuruf der Massen zu ergötzen. Daß es sie zu quälen schien, sich selbst als Schaustück der Menge hinzustellen. Daß sie dafür auf einsamen Spaziergängen aus dem Homer sich vorlesen ließ und in späten Jahren noch anfing, Griechisch zu lernen, um des Gedichtes Schönheit aus dem Urtext näher zu begreifen. Daß sie den Dichter, der das »Buch der Lieder« geschrieben, verehrte und ihm zu Korfu ein Denkmal gesetzt hat. Daß sie den Schmerz um ihren einzigen Sohn von Land zu Land, von Gestade zu Gestade ruhelos umhergetragen, ihren Kummer vor den Blicken der Welt verbarg, wie sie stets ihr schönstes Fühlen vor profanen Augen verborgen gehalten. Wenn wir nur dieses, was wir wissen, nehmen, ihr Wesen damit zu umspannen, dann haben wir eine große Seele, ein Frauenherz von einer Reinheit, einen Frauensinn von einer Tiefe, daß sie als eine lichte Gestalt unserem Gedächtnis bleiben müßte, auch wenn sie nicht die Kaiserin gewesen wäre.

Daß sie's gewesen ist, scheint mir von unermeßbarem Wert. Denn sie hat mehr gewirkt als eine Kaiserin, die prunkvoll durch alle Straßen fährt, auf allen Festen glänzt, sich überall huldvoll und gnädig dem Volke neigt und die Mode des Landes wie das gesellige Wohltätigkeitsgeschäft regiert. Sie hat dieser Zeit die Fürstin gegeben, hat als einzige auf eine lautlose, unwillkürliche und vollkommen menschliche Art gezeigt, was eine Fürstin ist. Sie hat ein Hochmaß von Weiblichkeit in unsere Zeit hineingestellt, das kostbarer ist als alles, was wir an erdichteten weiblichen Idealgestalten besitzen.

Und sonderbar: Wie unser Erinnern sich lebhafter der Kaiserin zuwendet, da merken wir, daß wir im Eigentlichen nur wenig von ihr wissen, uns nicht vermessen dürfen, sie zu kennen, sondern daß es weit mehr die Ahnung von ihrem reichen Wesen ist, die uns bezwingt. Ein Leben, aus weiter Ferne angeschaut. Still und hoch dahinfunkelnd, vom Schimmer des seligsten Glückes umflossen und vom Glanz einer erlesenen Tragik umleuchtet. Nur leise Andeutungen haben wir, um ihr Inneres zu erraten, nur das Echo vom Echo ihrer Worte, nur den Hauch, der von ihrem Wandel ausging, nur verwehte Klänge ihrer Lebensmelodie. Der Spiegel der Volksseele hat nur ein schwaches, undeutliches Bild dieser hohen Frau aufgefangen, und man bestaunt es wie das Antlitz eines Märchens. Diese Gestalt ist wie aus lauter dünnen Schleiern gewoben, fließend, ungreifbar, unwirklich beinahe, und ist uns doch eingeprägt wie mit einem Stempel.

So wenig braucht es, einen guten und seltenen Menschen zu erkennen. Sei er noch so verborgen, so hat sein Wesen doch einen Duft von solch feiner Kraft, daß man seine Gegenwart empfindet wie die Gegenwart im Grase verborgener Blumen. Sei er noch so entfernt, so ist er doch in eine Atmosphäre gehüllt, die leuchtet wie ein Gestirn am dunkeln Himmel.

DAS ÖSTERREICHISCHE ANTLITZ

Von überall her blickt uns jetzt sein Antlitz entgegen. Aus allen Schaufenstern sieht es uns an, es ziert alle Paravents, Tabaksdosen, Ansichtskarten, Bonbonnieren; es schmückt die Titelblätter aller Zeitungen, die wir zur Hand nehmen, und es prangt in der Apotheose aller Festspiele, umrauscht von der Volkshymne und von der Hochflut wienerisch zärtlicher Kaiserstimmung. Wo wir uns hinwenden, lächelt dies Greisenhaupt aus weißem Bart und aus den von weißen Brauen dicht verhehlten Augen sein stilles Lächeln.

Wie ist uns dieses Antlitz wohl vertraut. Wir alle sind mit diesem Bilde vor uns aufgewachsen. Unsere Väter schon haben kein anderes Kaiserantlitz mehr in Österreich gekannt, und wie wir kleine Buben waren, hat uns dieses Antlitz angeschaut, da wir zum erstenmal in der Schulstube saßen. Jetzt wachsen unsere Kinder auf und gehen zur Schule, und auch sie blickt dieses selbe Angesicht aus feierlichem Rahmen an. Mit diesem Angesicht haben wir unser Leben verbracht, haben alle unsere Tage in diese Mienen geschaut, und sie sind uns so eingeprägt, daß wir bei dem Worte Kaiser immer gleich auch diese Züge sehen. Wir werden sie noch lange sehen, wenn wir das Wort Kaiser aussprechen oder denken. Diese beiden Vorstellungen, von einem Monarchen und von einem Antlitz, sind in unserem Bewußtsein so unauflöslich, so von frühester Kindheit an miteinander verknüpft, daß wir sie nun wohl kaum mehr voneinander trennen werden. Was immer auch geschehen mag.

Aber es ist nicht bloß die Erinnerung an wohlvertraute Züge, die unserem Denken also lebhaft einleuchtet. Schließlich gab es ja noch andere Gesichter, mit deren berühmter Gegenwart wir gelebt haben. Gesichter, die uns geläufig waren, deren Klischee wir fertig in unserem Bewußtsein trugen. Gesichter, die in uns vorhanden waren, wie Photographien in einem Album. Man braucht gar kein langes Gedächtnis zu haben, um sich des dunkeln, zierlich wilden Zigeunerkopfes Andrassys zu besinnen, oder der behaglich pfiffigen, rotnasigen Spießbürgermaske des Grafen Taaffe. Und vor kurzem noch war das lachende Beethovenantlitz Girardis berühmt, so berühmt, daß es über Wien stand wie der Mond, und wie dieser in alle Straßen und in alle Fenster schaute. Dann Johann Strauß, sein blasses Antlitz mit den tiefstrahlenden schwarzen Augen, dieses Antlitz der zum Genie gesteigerten Wiener Lebensfreude. Wir haben viele Gesichter gehabt, die uns beständig gegenwärtig waren, und von denen es schien, als gehörten sie einfach mit zum Bestand des Lebens, und als sei ohne sie die Welt gar nicht möglich.

Dennoch hat kein anderes Antlitz und keines anderen Mannes Wesen so vielfach, so stark und so nachhaltig sich in der Menge gespiegelt und auf die Menge abgefärbt wie das Antlitz und das Wesen des Kaisers. Freilich: weil es der Kaiser war. Das ist natürlich, braucht nicht erst entdeckt, noch bewundert zu werden. Auch eine schwache Persönlichkeit kann die Menge beeinflussen, wenn sie auf so hohem, so weithin sichtbarem Gipfel steht, wenn sie auf so vielen tausend Wegen, durch so viele tausend Türen und Türchen immerfort auf die Menge eindringen kann. Hier aber ist es nicht nur der Kaiser gewesen, nicht dieser allein; und es machen's auch nicht die sechzig Jahre, obwohl sie viel mitgeholfen haben. Hier war es der Österreicher. Dieser zumeist. Das echt österreichische Antlitz des Kaisers. Sein österreichisches Wesen. Seine ... Bodenständigkeit, würde ich sagen, wenn ich von dieser Eigenschaft so viel halten könnte wie andere Leute. Aber lassen wir's dabei. So wenig diese Bodenständigkeit in der Kunst zur Größe oder zur Komplexheit notwendig, ja selbst nützlich ist, so wichtig mag sie bei einem Fürsten sein. Also: seine Bodenständigkeit.

Man braucht ja nur bedenken, daß in England hannoveranische Prinzen die Krone tragen, daß im russischen Reiche Holsteiner Fürsten herrschen, daß in Schweden die Enkel des französischen Bernadotte Könige sind, in Griechenland ein Dänensproß regiert, in Rumänien ein Hohenzoller und in Bulgarien ein Koburger. Rein äußerlich mag auch der landfremde Monarch durch sein Wesen Einfluß üben. Auch der Regent, der in seiner Persönlichkeit nicht den Typus des Volkes darstellt, auch der wird kopiert. Aber doch nur von liebedienernder Absicht, doch nur von Höflingen, die mühselig in der Maske und in den Gebärden ihres Herrn posieren. Diese Wirkung streift nur die Oberfläche. Unser Kaiser spiegelt sich in den Österreichern, wie österreichische Art in seinem Wesen sich spiegelt, weil er nicht nur ein Kaiser, sondern ein Typus in Österreich ist. Eine Gestalt, diesem Lande eingeboren und verwurzelt.

Wir können die Probe drauf machen. Wenn einer das Bildnis Eduards anschaut und es zufällig nicht weiß, daß es der King von Großbritannien ist, niemals würde er darauf verfallen, ihn für einen Engländer zu halten. Niemand, der es nicht vorher weiß, würde von selbst sagen, Nikolaus sei ein Russe, und sein vollkommenes Ebenbild, der Prinz von Wales, ein Insularbrite; niemand würde von Karol behaupten, das sei ein echter Rumäne, und Wilhelm II. würde man, ohne ausdrückliches Wissen, eher für einen Engländer ansprechen, genau so wie seinen ältesten Sohn, den Kronprinzen von Preußen. Aber das Gesicht unseres Kaisers muß jeder für ein österreichisches Gesicht erkennen. Man denke der Bilder, die den Kaiser in Zivil zeigen. Auf diesen Bildern kommt's erst recht heraus: das ist weder ein französischer Kavalier noch ein englischer, weder ein Sachse noch ein Preuße, das kann nur ein Österreicher sein. Nicht wahr?

Immer ist es ein österreichisches, eigentlich ein wienerisches Gesicht gewesen. Man betrachte die Bildnisse aus einer frühen Zeit, da er, ein achtzehnjähriger Jüngling, den Thron gewann. Und man nehme, zum Vergleich, ein Bildnis des ersten Kaiser Wilhelm, das ihn als Jüngling zeigt. Auch der Sohn der in Preußen vielgeliebten, schönen Königin Luise ist ein wunderschöner junger Prinz gewesen, wie der Sohn der Erzherzogin Sophie. Vielleicht war er sogar schöner noch als dieser. Aber das Antlitz des jungen Franz Josef mit den heiter schwellenden Lippen, mit den weichen, zärtlichen Linien, mit dieser sanften, gleichsam musikalischen Anmut, ist das Antlitz eines jungen Österreichers. Und das Gesicht des Prinzen Wilhelm mit dem schmalen, fest zusammengepreßten Mund, mit den streng in sich verhaltenen Zügen und dem gewissermaßen sachlichen Ausdruck ist das Gesicht eines Norddeutschen. Man könnte sagen: jenes ist ein katholisches und dieses ein protestantisches Antlitz. Ihrer Volksart typisch waren beide, indessen jetzt keine Monarchen mehr da sind, weder Eduard noch Georg, noch Ferdinand oder Nikolaus, ja auch gewiß nicht Wilhelm II., die ihrer Volksart typische Gestalten wären.

Man erinnere sich noch des Kaisers Franz Josef der sechziger, siebziger und ersten achtziger Jahre. Wie viele unter uns werden sich dessen noch leicht erinnern. Wie war er da mit dem langwehenden, blondbraunen, dichten und krausen Backenbart österreichisch. Und wie viel Offiziere, wie viel Beamte, wie viel Offizielle hat es damals gegeben, die den lang wehenden Backenbart trugen? In allen Amtsstuben, auf allen Exerzierplätzen, auf allen Promenaden hat man diese Gesichter und diese Bärte gesehen. Und manchmal war die Ähnlichkeit täuschend genug.

Das sind freilich nur oberflächliche Dinge. Ein wenig tiefer aber liegt es schon, daß die Männer in Österreich auch des Kaisers Manieren sachte angenommen haben. Nicht nur die Höflinge, die das Vorbild immer mit Augen sehen und ihrem ganzen Charakter nach so gern erlauchtem Beispiel sich anschmiegen. Nicht nur die Offiziere, die, enger dem Kaiser verbunden, gewiß schärfer aufpassen, wie er seinen Rock trägt. Nicht nur die Beamten und alle die anderen vom offiziellen Dienst, sondern jeder, der vom Bürgertum irgendwie nach Formen, nach repräsentierender Geschicklichkeit strebt, nach einer Manier, sich im Verkehr menschlich zu geben und menschlich zu behaupten, jeder hat die Spur dieses Einflusses an sich, jeder ist in der Farbe des Kaisers irgendwie gefärbt.

Wenn man die leicht geneigte Haltung des Kopfes, diesen unauffällig federnden, sorglosen und anmutigen Gang, dieses Sich-schmal-machen für österreichisch hält, dieses mit angedrücktem Oberarm, aus dem Ellbogen vollführte, runde Agieren, diesen um und um mit Freundlichkeit gepolsterten Stolz, diese verbindliche Kunst, lächelnd zu distanzieren, wenn man dies alles für österreichisch hält und dann erst den Kaiser beobachtet, merkt man erst, wie österreichisch Franz Josef ist, aber auch wie Franz-Josef-mäßig die Österreicher geworden sind. Man merkt, daß es eigentlich sein persönliches Wesen ausmacht, davon man die Spuren und Farben bei den anderen vereinzelt getroffen, vereinzelt und wie etwas Angenommenes, wie ein unwillkürlich Angewohntes. Sein Wesen ist dieser anmutige Paßgang, mit der Natürlichkeit der abfallenden Schultern, mit der leicht geneigten Haltung des Kopfes, das Agieren in runden, aus dem Ellbogen spielenden Gebärden mit angedrückten Oberarmen. Sein Wesen, diese ganze unauffällige, diskrete, sorglose und ihrer selbst unendlich sichere Eleganz.

Nachahmung allein kann das nicht zuwege bringen. Auch greift Nachahmung allein nicht so weit um sich, dringt nicht so ins Breite und Tiefe, sickert nicht so unaufhaltsam durch alle Schichtungen der Stände. Wenn sie den Kaiser nur nachahmen würden, wäre dies alles gezwungener und leichter kenntlich. Man merkt ja sonst überall, wo ein Mensch einen anderen bewußt kopiert, den kleinen Zwischenraum, der zwischen seiner eigenen und der angenommenen Art klafft. Man merkt den feinen Striemen, den die vorgebundene Maske in das wirkliche Antlitz gräbt. Hier aber ist kein Zwischenraum, der eine kopierte Art vom wahren Wesen trennt. Wie der Kaiser sich gibt, wie er geht und spricht, wie er den Kopf hält und wie er schaut, dies alles ist Ausdruck des österreichischen Wesens. Eine tiefe Verwandtschaft des Blutes und der Rasse bindet den Österreicher an den Kaiser und den Kaiser an den Österreicher, an den niederösterreichischen, an den wienerischen, um es genauer zu sagen.

Und es sind nicht die äußeren Züge bloß, die jene Gemeinsamkeit erleichtern, nicht die äußeren Manieren, die es ermöglicht haben, daß des Kaisers Art so viel abfärbende Wirkung, so viel angleichenden Einfluß übt. Wie vieles an ihm ist österreichisch, was erörtert werden kann, und wie vieles ist es, wovon wir heute nicht erst zu sprechen brauchen. Österreichisch ist sein Hang zum Unauffälligen, sein kultivierter Geschmack, der allem Gellenden, allem Schmetternden, allem Unterstrichenen und überlaut Betonten abhold ist. Österreichisch, wie seine Haltung, die nicht bolzengerade, nicht »stramm« mit aufgeworfenem Kopf soldatischen Geist zu markieren strebt, ist seine Diskretion, die vor allem Theatralischen, vor allem Exaltierten als vor etwas Unmöglichem scheu zurückweicht. Österreichisch ist dieses subtile Taktgefühl, das in Befangenheit gerät, wenn es repräsentierend obenan stehen soll, dieses Taktgefühl, das eher schüchtern wird, als daß es vermöchte, aufzutrumpfen. Österreichisch ist diese Art der gleichmäßigen, lautlosen Arbeit, dieses treue Hängen an ein paar Gewohnheiten, an ein paar liebgewordenen Erdenplätzen. (Wien–Ischl–Ischl–Wien.) Und dieses zuverlässige Zufindensein in den alten Gewohnheiten und in den alten Wohnungen ist österreichisch. Österreichisch ist auch diese Kultur der Seele, die es vermag, daß man die schwersten Dinge mitmacht, durchmacht, und der Welt doch immer ein lächelndes Antlitz zeigt. Und dieses Ablehnen allzu laut rauschender Lorbeern, dies Abwinken allzu schreiender Lobredner, dieses stille Beiseitegehen, dies Einsamkeitsleben ist österreichisch.

Wir sehen dieses Antlitz jetzt überall, wohin wir uns wenden; wohin wir uns wenden, sehen wir jetzt die Initialen dieses Namens, das F. J. I., sehen die Jahreszahlen 1848–1908. Wie ein großer, von einem einzigen Ornament durchwirkter Stoff ist die Stadt Wien jetzt durchwirkt von diesem Antlitz, von diesen Initialen und von diesen Doppelziffern. Und durchwirkt ist dieses ganze engere Österreich, die Stadt und das Land von dem Antlitz des Kaisers, von seiner Art, von seinem Wesen, von den Initialen seines Charakters. Daß er hier wurzelt, hier heimisch ist, daß diese Erde ihn trug und reifte, daß er die Frucht dieses Bodens wurde, den feinsten und geschlossensten Auszug aller Kräfte dieser Scholle darstellt, daß er ein Typus seines Volkes ist, hat diese tiefe Harmonie zwischen ihm und seinem Volk sechzig Jahre währen lassen. Kaiser Franz ist aus Toskana erst nach Wien und in die Erblande gekommen, hat die italienische Art, die ihm in den Adern lag, erst vergessen, hat sich hier erst akklimatisieren und assimilieren müssen, ehe ihn die Wiener – nach vielen Jahren – ihren »Franzl« nannten. Franz Josef ist in Schönbrunn geboren. Sohn einer bayrischen Prinzessin und eines österreichischen Erzherzogs, der als ein Typus altwienerischer Gestalten, als eine Kriehuber-Figur gelten darf. Die Wiener, die vornehmen wenigstens, diejenigen, die das Wienertum Schuberts, Lanners und der Strauß-Walzer repräsentieren, die waren wie er. Deshalb wurden sie wie er. Deshalb sahen ihm seinerzeit die Jünglinge ähnlich, dann die Männer, und deshalb sehen ihm jetzt die Greise ähnlich, die mit ihm und seiner Epoche gealtert sind. Diese Epoche trägt seine Züge, wie den Münzen sein Antlitz eingeprägt ist.

Die Zeit aber rollt unaufhaltsam dahin. Und wahrscheinlich gibt es heute schon einen anderen, einen neuösterreichischen Typus. Wir kennen ihn noch nicht, wollen heute auch nicht vermuten, noch darüber nachsinnen, wie er wohl sein wird. Aber wir dürfen zufrieden sein, wenn er uns mit diesem sanften Lächeln anschaut, das man bis in späte Tage noch das Lächeln Franz Josefs nennen wird.

Ende

CPSIA information can be obtained
at www.ICGtesting.com
Printed in the USA
LVHW030005281222
735835LV00002B/524